파스칼 인생 공부

파스칼 인생 공부

인간의 마음을 해부한, 67가지 철학수업

블레즈 파스칼 원작

인문학자 김태현 지음

PASCAL

파스칼의 『팡세』를 읽어야 하는 이유

블레즈 파스칼의 『팡세(Pensées)』는 인간의 본질과 삶의 의미를 탐구하는 깊이 있는 철학적 작품입니다. 먼저, 『팡세』는 인간 존재의 본질과 한계를 깊이 있게 탐구합니다. 파스칼은 인간이 불완전하고 유한한 존재임을 강조하며, 이러한 인식이 더 높은 진리를 추구하는 데 어떻게 기여할 수 있는지를 보여줍니다. 그의 철학적 통찰은 독자가 자신의 존재와 삶의 목적을 성찰하게 하며, 다음과 같이 자기 이해를 확장하는 데 큰 도움을 줍니다. 이를 통해 우리는 자신의 한계를 인정하고, 그 안에서 더 나은 삶을 추구할 수 있습니다.

첫째, 『팡세』는 인간 본성에 대한 깊은 통찰을 제공합니다. 파스칼은 인간의 약점과 한계를 솔직하게 드러내며, 이를 통해 독자가 스스로를 돌아보게 합니다. 이는 자기 이해와 성찰을 중요시하는 사람들에게 큰 도움이 됩니다. 자신의 본질을 이해하고, 이를 통해 더 나은 삶을 추구하려는 노력은 개인의 성장과 발전에 필수적입니다. 파스칼의 글은 이러한 성찰을 촉진하며, 자기 계발의 중요한 도구가 될 수 있는 것입니다.

둘째, 『팡세』는 지적 성장을 돕습니다. 그의 글은 논리적이고 철학적이며, 독자는 이를 통해 지적 도전을 경험할 수 있습니다. 파스칼의 사유는 독자가 자신의 지적 능력을 최대한으로 활용하게 하며, 더 깊은 이해와 통찰을 추구할 수 있게 합니다. 이는 지적 호기심을 중요시하는 사람들에게 매우 유익합니다.

더불어, 파스칼은 감정과 이성이 어떻게 조화를 이룰 수 있는지를 고민하며, 이를 통해 다양한 심리적 갈등을 해결하는 데 도움을 줍니다. 감정과 이성의 균형은 정신적 건강과 웰빙에 매우 중요하며, 파스칼의 통찰은 이러한 균형을 찾는 데 큰 도움을 줄 수 있습니다. 그의 글은 독자가 자신의 감정과 이성을 이해하고, 이를 통해 더 건강한 삶을 살아갈 수 있도록 돕습니다.

셋째, 『팡세』는 또한 윤리적 성찰을 촉진합니다. 파스칼은 인간의 도덕적 본성과 윤리적 책임에 대해 깊이 고민했으며, 그의 글은 독자에게 도덕적 성찰을 유도합니다. 이는 개인이 자신의 행동과 선택에 대해 더 깊이 생각하게 하며, 더 나은 삶을 살아갈 수 있도록 돕습니다. 윤리적 성찰은 중요한 주제로, 파스칼의 글은 이를 깊이 있게 탐구하는 기회를 제공합니다.

넷째, 『팡세』는 독자에게 삶의 지혜를 제공합니다. 파스칼은 인간의 불안과 고뇌, 그리고 이를 극복하기 위한 신앙과 이성의 역할에 대해 깊이 있게 논의합니다. 이러한 논의는 현대사회에서 개인이 겪는 다양한 문제와 갈등을 해결하는 데 도움을 줄 수 있습니다. 파스칼의 글은 우리가 직면한 문제를 새로운 시각에서 바라보게 하며, 이를 통해 더 나은 해결책을 모색할 수 있게 합니다.

결론적으로, 블레즈 파스칼의 『팡세』는 깊은 철학적 통찰과 삶의 지혜를 제공하며, 자기 이해와 성찰, 지적 성장, 감정과 이성의 균형, 윤리적 성찰에 큰 도움을 줍니다. 또한, 독자가 자신의 존재를 이해하고, 더 높은 진리를 추구하며, 자신의 삶을 더 깊이 성찰하는 데 중요한 역할을 합니다. 파스칼의 글은 오늘날에도 유효한 의미를 지니며, 우리 삶에 깊은 영향을 미칠 수 있습니다.

위대한 철학자들이 칭송한 파스칼

☑ **니체***(Nietzsche)*

"파스칼은 비관주의자였지만 그의 지적 능력과 논리적 재능은 인정하지 않을 수 없다. 『팡세』는 그의 내면적 갈등과 철학적 고민을 잘 드러낸다."

☑ **루소***(Rousseau)*

"파스칼의 『팡세』는 인간의 마음을 이해하는 데 있어 탁월한 작품이다. 그는 인간 본성에 대한 놀라운 통찰을 보여주며, 그의 글은 심오하고 감동적이다."

☑ **톨스토이***(Tolstoy)*

"파스칼은 위대한 철학자이자 작가이다. 『팡세』는 그의 철학적 사유를 잘 담고 있으며, 인간의 본질과 신에 대한 깊은 이해를 제공한다."

☑ **앙리 베르그송***(Henri Bergson)*

"파스칼의 『팡세』는 철학적 명작이다. 그의 직관과 논리적 분석은 현대 철학에 큰 영향을 미쳤다. 파스칼은 인간의 존재에 대한 심오한 통찰을 제공했다."

☑ **사르트르***(Sartre)*

"파스칼은 실존주의의 선구자 중 한 명이다. 그의 『팡세』는 인간의 존재와 불안, 신앙의 문제를 철저히 탐구한 작품으로, 실존주의 철학에 큰 영향을 미쳤다."

☑ **찰스 다윈***(Charles Darwin)*

"파스칼의 지적 깊이는 과학적 탐구에도 큰 영감을 준다. 그의 논리적 사고와 철학적 사유는 자연선택 이론을 개발하는 데 있어 많은 시사점을 제공했다."

☑ **볼테르***(Voltaire)*

"파스칼은 인간의 약점을 통찰한 천재다. 『팡세』는 인간의 내면을 깊이 파고든 작품으로, 그의 철학적 사유와 문학적 재능이 빛나는 걸작이다."

☑ **하이데거***(Heidegger)*

"파스칼은 존재의 문제를 철저히 탐구한 철학자다. 그의 『팡세』는 인간의 존재와 신앙, 이성의 문제를 깊이 있게 다루며, 실존 철학의 중요한 토대를 제공했다."

이처럼 많은 저명한 인물이 파스칼의 『팡세』와 그의 철학적 사유를 높이 평가하며, 그의 작품이 현대 철학과 과학, 문학에 미친 깊은 영향을 인정했습니다.

이 책은 이렇게 구성되어 있습니다. 파스칼 사후 1670년 출간된 초역 『팡세(Pensées)』라는 원문에서 현대인에게 인생의 지침 및 방향을 제시할 수 있는 67개의 대표 구절을 선택하여 "인간은 나약한 존재임을 인정할 때 더 성숙해질 수 있다", "인간의 삶은 불완전하고 모순적이다", "인간 불행의 대부분은 혼자 있지 못하는 데서 왔다", "인간의 마음에는 타인이 알지 못하는 이유가 있다" 4개의 주제로 분류하여, 『팡세』의 불어 원문과 함께 인간의 심리를 해부할 수 있는 쉬운 해설을 덧붙여 설명하였습니다. 그리고 부연 설명이 필요한 꼭지에 대해서는 "사례" 형태로 서두에 설명을 추가하였습니다. 이 책을 읽는 독자는 천재 인문학자 파스칼의 생각 및 인간 본성에 대한 통찰을 얻을 것입니다.

인문학자 김태현

contents

PART 2

인간의 삶은 불완전하고 모순적이다

contents

PART 3 인간 불행의 대부분은 혼자 있지 못하는 데서 왔다

PART 4

인간의 마음에는 타인이 알지 못하는 이유가 있다

PART 1

인간은 나약한 존재임을 인정할 때 더 성숙해질 수 있다

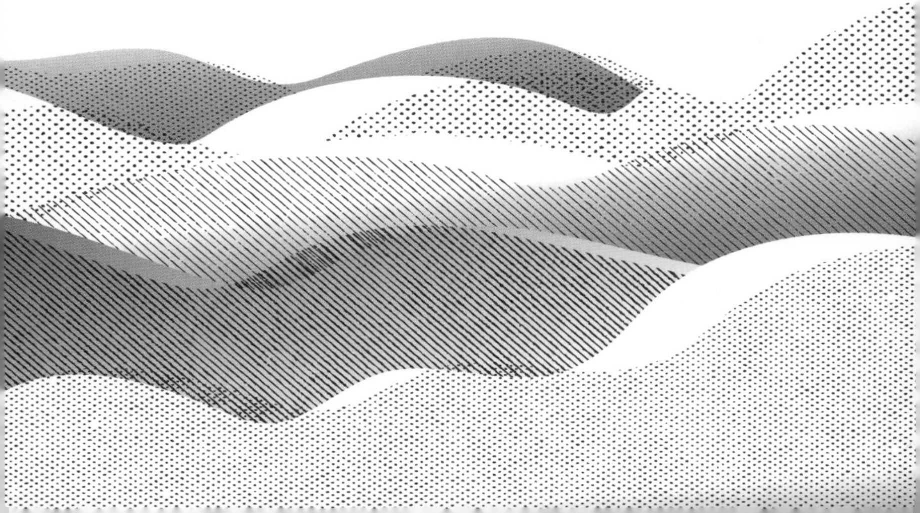

01

약점을 인정하면 인간은 위대해진다

"인간의 위대함은
자신이 비참하다는 것을 아는 데 있다."

"La grandeur de l'homme est grande en ce qu'il se connaît misérable."

일본의 전설적인 기업가이자 파나소닉의 창업자인 마쓰시타 고노스케는 가난함, 허약함, 교육 부족을 그가 태어날 때 받은 큰 은혜로 여겼습니다. 그는 가난은 부지런함으로, 허약함은 운동으로, 부족했던 교육은 자신을 낮추고 누구에게나 배우려는 자세로 극복했습니다. 이러한 태도는 그가 자신의 비천함을 인정하고 극복하는 데 큰 도움이 되었고, 결국 그의 회사를 세계적인 초일류 기업으로 성장시키는 원동력이 되었습니다. 마쓰시타의 삶은 자신의 약점을 인정하고 이를 통해 성장할 수 있음을 보여주는 사례입니다.

우리는 빠른 기술 발전과 물질적 풍요로 인해 많은 편리함을 제공하지만, 이와 동시에 인간 소외와 심리적 불안도 함께 증가하고 있는 사회에서 살고 있습니다. 이러한 세계 속에서 파스칼은 우리는 완벽하지 않으며, 때로는 비참하고 고통스러운 상황에 직면할 수밖에 없다는 사실을 인정하는 것이 중요하다고 합니다. 파스칼은 인간의 위대함이 자신이 비참하다는 것을 아는 데 있고 "인간은 자연에서 가장 약한 갈대에 불과하지만, 생각하는 갈대다."라고 말하며 사유와 자기 인식의 중요성을 강조했습니다.

오늘날 많은 사람이 성공과 성취를 위해 끊임없이 경쟁하며, 자신의 약점과 실패를 인정하지 않으려 합니다. 그러나 파스칼은 자신의 한계와 약점을 직시함으로써 더 큰 성장을 이룰 수 있으며, 이를 통해 진정한 인간의 위대한 가치를 발견할 수 있다고 이야기합니다. 우리는 완벽하지 않으며, 때로는 비참하고 고통스러운 상황에 직면할 수밖에 없다는 사실을 인정하는 것이 중요합니다.

자신의 비참함을 인지하고 인정할 때, 다른 사람의 고통과 어려움에도 더 관심을 가질 수 있습니다. 이는 세상을 살아가는 데 있어 꼭 필요한 연대와 공감으로 나아갑니다. 그렇기에 우리는 서로의 약점을 이해하고 지지하는 공동체 의식을 강화해야 합니다. 자신의 비참함을 인정하는 사람은 타인의 고통에도 공감하며, 함께 어려움을 극복하기 위한 연대의 힘을 발휘할 수 있습니다.

인생은 태생적으로 선택이 불가능한 요소가 많습니다. 어떤 부모 밑에서 태어나는가? 어떤 재능을 타고 태어나는가? 이러한 요소들은 우리의 선택 너머에 있습니다. 결국 우리가 선택할 수 있는 것은 주어진 환경에서 마쓰시타 고노스케처럼 자신의 한계를 똑바로 인식하고 더 나은 삶을 위해 한 걸음 한 걸음 나아가는 것입니다.

| 인정 |

자신의 한계를 아는 것이 진정한 강함이다.

02

천사도 짐승도 아닌, 사람이 되어야 한다

"인간은 천사도 아니고 짐승도 아니다.
천사가 되려는 자는 짐승이 된다."

"L'homme n'est ni ange ni bête,
et le malheur veut que qui veut faire l'ange fait la bête."

막시밀리앙 드 로베스피에르는 프랑스 혁명이라는 격동의 시기에 급진적 지도자로 떠오르며 역사의 무대에 등장했습니다. 혁명 초기, 그는 자유와 평등을 부르짖으며 민중의 희망을 대표하는 인물이었습니다. 그러나 그의 이상은 점차 어두운 그림자로 뒤덮였습니다. 반혁명 세력을 제거하기 위해 선택한 폭력과 억압의 길은 로베스피에르를 변질시켰습니다. 도덕적 순수성을 강조하며 스스로 천사의 역할을 자처했지만, 그는 잔혹한 공포정치를 펼치며 짐승처럼 변했습니다. 혁명의 불꽃 속에서 천사와 괴물의 경계를 넘나들던 그의 모습은 비극적인 아이러니로 남았습니다.

로베스피에르 사례에서 보듯 파스칼은 인간을 천사와 짐승 사이의 존재라고 말합니다. 이는 인간이 도덕적이고 이성적 존재이면서도, 동시에 본능적이고 감정적 존재임을 의미합니다. 인간은 도덕적 이상과 높은 지향을 두고 있지만, 완벽하게 천사와 같은 존재가 될 수는 없습니다. 또한, 인간은 본능과 욕망을 가지고 있지만, 짐승처럼 행동하는 것 또한 인간의 본질과 맞지 않습니다.

파스칼은 천사가 되려는 자가 오히려 짐승이 된다고 경고합니다. 이는 인간이 지나치게 완벽하고 이상적인 존재가 되려고 할 때, 오히려 본래의 인간성을 잃고 비인간적이고 파괴적인 행동을 할 수 있음을 의미합니다. 예를 들어, 도덕적 완벽주의를 추구하며 자신이나 타인에게 비현실적인 기대를 강요하는 사람은 종종 타인을 비난하거나 자신을 비하합니다. 이는 인간관계를 파괴하고, 심리적인 스트레스를 증가시킵니다.

즉 천사와 짐승 사이의 존재로서 인간은 도덕적이고 이성적인 존재로서의 이상을 추구해야 하지만, 동시에 한계와 불완전성을 인정하고 수용해야 합니다. 자신과 타인에게 지나치게 엄격한 기준을 적용하기보다는 인간의 본성과 한계를 이해하고 서로 포용하는 태도가 필요합니다.

이를 통해 더 건강하고 행복한 삶을 살 수 있으며, 타인과의 관계에서도 이해와 포용을 통해 조화를 이룰 수 있습니다.

| 균형 |

이상과 현실의 균형을 유지하라.

03

과도한 자기애와 자존심은 자기 자신도 속인다

"자기애는 가장 큰 아첨이다."

"L'amour-propre est la plus grande de toutes les flatteries."

그리스 신화에 나오는 나르키소스는 어느 날 사냥을 나갔다가 숲에 있는 맑은 샘을 발견합니다. 그는 더위를 식히고자 샘물을 마시려고 몸을 숙였고, 그 순간 물에 비친 자신과 사랑에 빠집니다. 결국 그는 물 위에 비친 아름다운 자기 모습에서 헤어 나오지 못하고 물에 빠져 죽습니다. 이 신화를 바탕으로 독일의 정신과 의사 네케는 자기애를 뜻하는 용어로 나르키소스의 이름을 따서 '나르시시즘'을 만들었습니다. 이 이야기는 과도한 자기애는 위험할 수도 있다는 메시지를 담고 있습니다.

이처럼 자기애는 자신에 대한 과도한 애착과 사랑을 뜻

합니다. 건강한 자기애는 자존감과 자신감을 위해 필요하지만, 너무 강한 자기애는 스스로를 객관적으로 바라보지 못하게 만들고, 자신을 과대평가하거나 자기중심적 사고로 자신만 중요시하는 이기적인 사람이 되게끔 만들기도 합니다.

현시대에는 소셜 미디어의 발달로 개개인이 스스로를 드러내는 데 거리낌이 없습니다. 타인의 시선을 즐기고 끊임없이 자신을 증명하며 그들의 인정과 칭찬을 받고 싶어 합니다. 이는 곧 각자의 개성을 드러내고 자신만의 고유한 색을 쌓아갈 수 있다는 긍정적인 요소도 존재하지만, 이러한 환경은 인정욕구를 부추기면서 과도한 자기애를 형성하게 만드는 부정적인 요소 역시 따라붙습니다.

이런 역효과를 들어 파스칼은 자기애를 가장 큰 아첨이라고 표현하며, 자기애에 빠지지 않도록 경계해야 한다고 강조했습니다. 즉, 자기애가 강하다는 건 스스로에게 아첨을 잘한다는 뜻입니다. 우리가 스스로를 과대평가하고, 자신의 단점을 외면하려고 할 때가 바로 자기 자신에게 아첨하는 것과 같습니다. 강한 자기애는 현실을 왜곡하고 앞으로 나아가는 걸 방해합니다. 이것이 반복되면 실패를 인정하지 못하고 실패와 좌절을 극복할 수 없는 사람이 되는 것입니다.

타인의 이야기에 귀를 기울이고 자신의 실패를 딛고 일

어설 수 있는 사람이 되려면 스스로를 돌아볼 줄 아는 사람, 비판을 겸허히 받아들이며 자신의 단점마저도 직시할 수 있는 사람이 되어야 합니다. 이는 개인의 성장을 도모하고, 더 나은 인간관계를 형성하는 데 꼭 필요합니다. 과도한 자기애에 빠지는 걸 방지하기 위해 다음과 같은 사항을 늘 염두에 두어야 합니다.

첫째, **자기 성찰:** 자신을 객관적으로 돌아보고, 자신의 강점과 약점을 인정하는 것이 중요합니다.

둘째, **타인의 의견 존중:** 다른 사람들의 피드백을 수용하고, 비판을 긍정적으로 받아들입니다.

셋째, **겸손함 유지:** 자신의 성취에 대해 겸손한 태도를 가지며, 타인의 공로를 인정합니다.

넷째, **자기 발전에 집중:** 외적인 인정보다는 내적인 성취와 자기 발전에 초점을 맞춥니다.

| 겸손 |

과도한 자기애는 성찰과 겸손을 막는다.

04

불안과 고독은 당연하다

"이 무한한 공간의 영원한 침묵이
나를 두렵게 한다."

"Le silence éternel de ces espaces infinis m'effraie."

러시아의 대문호 레프 톨스토이는 중년기에 깊은 불안과 고독에 시달렸습니다. 매일 밤 어둠 속에서 자신을 괴롭히는 내면의 소리를 들으며, 이 불안을 인정하지 않을 수 없었습니다. 어느 날, 삶의 의미를 찾기 위해 영적 탐구의 여정을 떠나기로 결심하며 그는 사치스러운 생활을 버리고 단순한 생활을 선택합니다. 광활한 러시아 대지 위에서 자연과 조화를 이루며 살아가며, 매일 아침 떠오르는 해를 보며 새로운 결의를 다집니다. 또한, 글쓰기를 통해 자신의 불안을 종이에 쏟아냅니다. 고독한 밤, 촛불 아래에서 써 내려간 글들은 그의 내면을 정화하고, 내적 평화를 찾게 해주었습니다. 이러한 자기 성찰과 변화의 과정을 통해 톨스토이는 위대한 작품들을 탄생시켰습니다. 그 이후 톨스토이의 펜 끝에서 흘러나온 이야기는 그 자신뿐만 아니라 수많은 독자에게도 깊은 울림을 주었습니다.

우주는 매우 광대합니다. 수십억 개의 은하와 무수한 별들, 끝없이 펼쳐진 무한한 듯 보이는 미지의 공간. 우주는 인간이 상상할 수 없이 거대한 공간입니다. 이 광대함 앞에서 인간은 먼지보다도 작은 존재입니다. 파스칼은 우주처럼 말로 형용할 수 없는 광대함 앞에서 인간은 굉장한 무력감과 고독감 그리고 불안을 강하게 느낀다고 말했습니다.

끝이 보이지 않는 정보와 소음으로 가득 찬 현실 속에서 우리는 스마트폰, 인터넷 등으로 전 세계 사람들과 연결되어 있습니다. 그러나 뉴 미디어로 연결된 관계 속에는 우주와 같은 광대함이 존재합니다. 이러한 것이 더 깊은 고독감과 불안을 불러일으킬 수도 있습니다. 이는 파스칼이 이야기한 우주 속 인간의 불안과 일맥상통합니다.

인간은 존재의 의미와 목적을 끊임없이 탐구합니다. 우주의 광대함과 영원한 침묵 속에서 우리 존재와 삶이 어떤 의미를 가지는지 질문하고 그 답을 찾기 위해 삶을 살아갑니다. 하지만 우리가 찾는 답이 없을지도 모른다는 사실이 우리를 불안하게 합니다.

이러한 불안과 고독을 극복하기 위해서 파스칼은 '생각하기'를 강조합니다. 파스칼은 "철학은 생 그 자체의 자각"이라고 말했습니다. 존재와 삶에 관한 사유, 명상, 철학적 성찰 등은 광활한 우주 속에서 자신을 잃지 않고 내면의 평화를 유지할 수 있도록 도와줍니다. 내면의 평화를 찾기 위해서는 불안을 직면하고, 내면을 탐구하는 것이 중요합니다.

| 평온 |

내면의 평온이 침묵 속 불안을 잠재운다.

05

우리를 초월하는 무한한 것들이 존재한다

"이성의 마지막 단계는 자신을 초월하는 무한한 것들이 있음을 인정하는 것이다."

"La dernière démarche de la raison est de reconnaître qu'il y a une infinité de choses qui la surpassent."

아이작 뉴턴은 만유인력의 법칙을 발견하여 수많은 과학적 현상을 설명했습니다. 어느 날, 그는 깊은 사색에 잠긴 채 해변을 거닐다가 작은 조약돌을 발견했습니다. "나는 신비로운 바다의 해변에서 조약돌을 줍는 아이일 뿐이다."라고 중얼거리며, 그는 자신이 이룬 업적이 광대한 우주 앞에서는 미미하다는 것을 깨달았습니다. 뉴턴은 과학적 발견을 통해 이성의 한계를 인식했고, 무한한 것들이 존재함을 받아들였습니다. 그의 겸손한 태도는 인간의 지식이 무한한 신비 앞에서는 얼마나 작은지를 보여줍니다.

파스칼은 이성의 한계를 깨닫고 그 너머에 존재하는 무

한한 것들을 인정하는 것이 중요하다고 말합니다. 이는 이성의 역할을 부정하는 것이 아니라, 이성이 도달할 수 없는 영역이 존재한다는 것을 인정하는 겸손을 의미합니다.

우리는 과거에 비해 엄청난 과학 발전과 기술 도약을 이룩했지만, 여전히 많은 사람에게 신앙과 영적 경험은 큰 의미를 갖습니다. 파스칼의 말을 여기에 빗대어 해석하자면 이는 과학이 모든 질문에 답을 줄 수 없음을 인정하고, 신앙과 같은 초월적 경험의 가치를 인정하는 태도도 필요하다는 것을 뜻합니다. 이는 과학과 신앙이 상호 배타적인 관계가 아니라 상호 보완이 가능한 관계라는 것을 의미합니다.

인공지능(AI)의 발전으로 많은 사람이 AI가 인간의 능력을 초월할 것이라고 예상합니다. 어쩌면 미래에 인간의 모든 능력을 초월한 AI가 등장할 수도 있을 것입니다. 하지만 AI 역시 아직 한계가 존재합니다. 도덕적 판단이나 감정적 교류 등 인간만이 할 수 있는 영역이 있습니다. 인간이 지혜와 이성의 한계를 인정하고 성장하고자 노력하는 것처럼 AI의 능력과 한계를 인정하고 그것을 인간과 서로 보완해 맞춰간다면 더 편리하고 발전된 미래로 나아갈 수 있을 것입니다.

미래를 예측하고 계획할 때 이성적 판단은 굉장히 중요합니다. 하지만 불확실성과 예측할 수 없는 변수는 항상 존재합니다. 이에 불확실한 변수에 좌절하지 말고, 불확실성을 인정하고 변화에 유연하게 대응하는 자세가 중요합니다. 이성의 한계를 인정하고 이를 넘어서는 무한한 것들에 대해 열린 마음을 가질 때, 더욱 균형 잡힌 시각으로 세상을 바라보고, 더 깊은 이해와 통찰을 이룰 수 있을 것입니다.

| 한계 |

이성 너머의 무한을 깨닫는 겸손을 가져라.

06

진정한 이해는 단순함과 명확함으로부터 나온다

"적게 설명하는 방식이 있다."

"Il y a une manière de s'expliquer qui explique peu."

"단순함은 최고의 정교함이다."라는 말이 있습니다. 바로 레오나르도 다 빈치가 한 말입니다. 그의 천재성은 복잡한 아이디어와 디자인을 단순하게 표현하는 능력에서 더 두드러졌습니다. 다 빈치는 복잡한 기계 장치를 설계하면서 여러 번의 실패를 반복했습니다. 그러다 갑자기 모든 불필요한 요소들을 제거하기 시작했습니다. 단순함에 집중한 결과, 기계를 작동하는 데 드디어 성공했습니다. 이후 다 빈치는 예술과 과학에서 불필요한 요소를 제거하고 본질에 집중하여 명확하고 이해하기 쉬운 작품과 발명품을 만들었습니다. 단순함 속에서 진정한 정교함을 발견한 것입니다.

우리는 정보의 홍수 속에 살고 있습니다. 수없이 쏟아지는 정보 속에서 이를 분석하고 이해하는 데 많은 시간을 소비하고 있습니다. 이 과정에서 중요한 것은 정보의 양이 아니라 질이며, 정보를 어떻게 전달하느냐가 핵심입니다. 사람들은 빠르게 정보를 소비하고, 핵심 내용을 빠르게 파악하기를 원합니다.

효과적인 커뮤니케이션은 간결함에서 시작됩니다. 예를 들어, 비즈니스 회의에서 장황한 설명은 오히려 듣는 이를 혼란스럽게 만들 수 있습니다. 교육에서도 복잡한 개념 설명보다는 간결하고 명확한 설명이 효과적입니다. 이는 학습 효율성을 높이고, 학생들의 이해를 돕습니다. 일상생활에서도 마찬가지입니다. 친구나 가족과의 대화에서 장황한 설명은 때때로 오해를 불러일으킬 수 있습니다. 간결하고 명확하게 자기 생각을 전달하는 것이 상대방이 자신의 의도를 정확히 이해하고, 원활한 의사소통을 할 수 있도록 돕습니다.

기업비즈니스의 사례 중 애플의 디자인 철학은 "불필요한 기능은 제거하고 사용자가 쉽게 이해하고 사용할 수 있는 제품을 만든다."이고, 도요타의 생산 시스템은 "단순화된 공정으로 높은 생산성을 유지하고 품질을 관리한다."입니다. 위의 두 사례는 단순함이야말로 복잡한 시대의 새로운 경쟁력임을 알려주는 예시입니다. 파스칼과 레오나르도 다 빈치의 깨달음은 유명 기업 경영 방식과도 일맥상통하는 부분이 많이 있는 듯

합니다.

과도한 설명이나 사족은 오히려 본질을 흐립니다. 간결함과 명료함이 진리를 전달하는 데 더 효과적일 수 있습니다. 진정한 이해는 단순하고 명확한 표현 속에 담긴다는 파스칼의 철학적 관점을 깊이 생각해 봐야 합니다.

| 단순함 |

단순함이 최고의 해답일 수 있다.

07

행복은 물질적 소유가 아니라, 타인과의 관계에서 시작된다

"행복은 기적적인 물건이다.
더 많이 주면 줄수록, 더 많이 가지게 된다."

"Le bonheur est un article merveilleux: plus on en donne, plus on en a."

옛날 어느 마을에 행복의 나무라고 불리는 신비로운 나무가 있었습니다. 이 나무의 열매를 한 입 먹으면 누구나 큰 행복을 느낄 수 있었습니다. 마을 사람들은 이 열매를 사이좋게 나눠 먹으며 화목하고 행복한 마을을 만들었습니다. 그러던 어느 날, 마을에 한 남자가 나타났습니다. 그는 나무의 열매를 독차지하려고 계획을 짰습니다. 남자는 하루 종일 나무 주위를 지키며 열매를 전부 숨겼습니다. 처음에 그는 행복했지만, 시간이 지날수록 그는 외로워졌습니다. 그 외로움을 떨치려 아무리 열매를 먹어도 행복을 느낄 수 없었습니다. 마을 사람들은 더 이상 그와 이야기를 나누지도, 함께 웃고 떠들지도 않았습니다. 남자는 고립되어 점점 더 외롭고 불행해졌습니다. 남자는 깨달았습니다. 진정한 행복은 서로 나눌 때 배가 된다는 것을 말입니다.

우리는 경쟁사회, 물질만능주의사회 속에서 살아가고 있습니다. 그 속에서 행복을 외부적 조건이나 물질적 소유에서 찾으려고 합니다. 남들보다 더 좋은 직업, 더 높은 연봉, 더 큰 집, 더 멋진 차 등을 추구하며 그것이 행복을 가져다줄 것이라고 믿습니다. 하지만 이러한 외적인 것들은 일시적인 만족을 줄 수는 있을지언정, 진정한 행복을 지속적으로 제공하지는 못합니다. 자신만의 이익과 행복만 추구하다 보면 자칫 고립되거나 불행해질 수 있다는 사실을 염두에 두어야 합니다.

파스칼은 행복은 기적적인 물건이라고 했습니다. 행복은 나눌수록 더 커지는 기적을 가져온다는 뜻입니다. 이는 행복이 이기적인 소유가 아닌, 타인과의 관계와 나눔에서 더욱 빛난다는 것을 의미합니다. 행복을 나눈다는 것은 다른 사람들에게 친절을 베풀고, 도움을 주고, 사랑과 관심을 나누는 것도 포함합니다. 다음과 같이 나눔의 가치를 실천함으로써 우리는 더 큰 만족과 기쁨을 얻을 수 있습니다.

첫째, 바쁜 일상에서도 가족, 친구, 동료와 함께 시간을 보내는 것은 행복을 나누는 중요한 방법입니다. 진심을 담은 대화와 교감은 서로에게 큰 힘이 됩니다.

둘째, 어려움에 직면한 사람들에게 도움의 손길을 내미는 것은 행복을 나누는 강력한 방법입니다. 단순한 물질적 도움뿐만 아니라 정서적 지지와 격려도 이에 해당합니다.

셋째, 주변 사람들에게 감사의 마음을 표현하는 것도 나눔의 일부입니다. 작은 칭찬이나 감사의 말 한마디가 큰 행복을 가져올 수 있습니다.

넷째, 봉사 단체에 참가하여 시간을 보내는 것은 나눔의 구체적인 실천입니다. 이를 통해 우리는 공동체의 일원으로서 소속감을 느끼고, 타인의 행복에 기여할 수 있습니다.

| 관계 |

타인과의 관계에서 행복의 본질을 찾아라.

08

확고한 이성을 바탕으로 부드러운 마음이 어우러져야 한다

"이성은 확고해야 하지만,
마음은 부드러워야 한다."

"Il faut que la raison soit solide, mais il faut encore que le cœur soit doux."

빅토르 위고의 소설《레 미제라블》에서 장 발장은 빵을 훔친 죄로 감옥에 갇히고, 이성보다는 본능에 의해 행동하는 인물이었습니다. 그러나 감옥에서 나온 후, 미리엘 주교의 자비와 사랑으로 그는 새로운 삶을 살기로 결심합니다. 장 발장은 철저하게 계획을 세워 사업을 시작하였고, 성공하여 시민들에게 자비와 사랑을 베풀며 시장 자리까지 오르게 됩니다. 그의 이성적 판단과 확고한 의지는 그가 새로운 삶을 살 수 있게 해주었습니다. 그는 확고한 의지를 다지면서도 따듯한 마음을 잃지 않고 자신이 받았던 자비와 사랑을 시민들과 코제트에게 베풀었습니다. 코제트를 구하고 그녀를 딸처럼 돌보며, 자베르 경감이 자신을 잡으러 왔을 때조차도 그를 용서하고 놓아줍니다. 장 발장은 이성과 감성의 조화를 통해 자신의 삶을 변화시키고, 주위 사람들에게 사랑과 용서를 베풀며, 진정한 행복을 찾아갑니다.

삶을 살아감에 있어 논리적 사고와 이성적 판단은 매우 중요한 역할을 합니다. 다양한 문제를 이해하고, 중요한 결정을 내리며, 복잡한 상황을 해결하기 위해서는 이성적 판단이 굉장히 중요합니다. 이성은 행동을 합리적이고 체계적으로 이끌며, 객관적이고 사실에 기반한 판단을 가능하게 합니다. 특히 직장이나 교육, 인문, 예술, 과학 등 많은 분야에서 이성의 중요성은 더욱 강조됩니다.

하지만 사람은 이성만으로는 살아갈 수 없습니다. 이성과 감성은 동전의 양면처럼 떼려야 뗄 수 없는 한 쌍입니다. 이성만큼이나 사람의 마음, 즉 감성 또한 중요하기 때문입니다. 이성은 확고해야 하지만 그것만으로는 삶을 이해하고 더 나은 삶을 살아가는 데 어려움이 생길 수 있습니다. 이를 보완하기 위해서는 감성이 필수입니다. 부드럽고 따뜻한 감정과 공감 능력은 긍정적인 대인관계를 형성하고, 갈등을 해결하며, 서로를 이해하고 배려하는 데 꼭 필요합니다.

파스칼은 이성과 감성이 상호보완적인 관계에 있다는 것을 강조합니다. 이성만으로는 냉철하고 계산적인 결정을 내리기 쉬우며, 감성만으로는 판단력이 흐려지거나 비이성적이고 충동적인 행동을 할 위험이 있습니다. 따라서 이성과 감성을 균형 있게 활용하는 것이 중요합니다.

이성은 확고하게 진리를 추구하고 올바른 결정을 내리는 기반이 되어야 합니다. 동시에 마음은 부드럽게 다른 사람에게 공감하고 자비와 친절을 베풀 수 있어야 합니다. 이성과 감성을 조화롭게 유지하는 것이 진정한 인간성을 실현하는 길입니다.

| 어울림 |

이성과 감성의 조화가 진정한 인간성을 완성한다.

09

진리를 사랑하고 추구할 때 비로소 진실이 보인다

"진리를 사랑하지 않으면,
어둠 속에서 진리를 알아볼 수 없다."

"La vérité est si obscure en ces temps, et le mensonge si établi,
qu'à moins d'aimer la vérité, on ne saurait la reconnaître."

갈릴레오 갈릴레이는 중세 시대의 천문학자로, 코페르니쿠스의 지동설을 적극 지지하며 교회의 천동설과 충돌했습니다. 밤하늘을 관찰한 그는 망원경을 통해 지구가 태양 주위를 돈다는 사실을 발견했습니다. 이를 알리기 위해 책을 쓰고 강연을 열었으나, 교회는 그를 이단으로 몰아 탄압했습니다. 종교 재판에서 그의 주장은 철회되었지만, 갈릴레오는 진리를 포기하지 않았습니다. 은둔 생활을 시작한 갈릴레오는 비밀리에 연구를 계속했고, 결국 그의 업적은 현대 천문학의 기초가 되었습니다. 진리를 향한 갈릴레오의 열정은 오늘날에도 큰 영감을 줍니다.

파스칼은 진리를 알아보기 위해서는 진리를 사랑하는 태도가 필요하다고 말합니다. 이는 단순히 정보의 사실 여부를 확인하는 것 이상을 의미합니다. 진리를 사랑하는 것은 열린 마음으로 다양한 관점을 받아들이고, 정보를 분석하며, 무엇보다도 진실에 대한 열망과 헌신을 다하는 것을 의미합니다.

과학자들은 진리를 사랑하고 추구하는 자세로 연구에 임합니다. 가설을 세우고, 실험을 통해 데이터를 수집하며, 결과를 분석합니다. 이 과정에서 끊임없이 질문하고, 실험을 반복하며, 자신의 가설이 틀렸을 가능성도 열어두고 진리를 추구합니다. 이렇게 함으로써 결국에는 효과적인 방법을 발견하게 됩니다.

기자들은 사건의 진실을 알리기 위해 철저한 조사를 진행합니다. 다양한 출처를 확인하고, 증거를 수집하며, 사실에 근거한 보도를 위해 노력합니다. 그들이 진리를 사랑하고 추구할 때, 독자들에게 정확하고 신뢰할 수 있는 정보를 제공할 수 있습니다.

사회 운동가들은 불공정과 부당함을 바로잡기 위해 진리를 추구합니다. 그들은 사회적 진실을 밝혀내기 위해 노력하며, 이를 바탕으로 변화를 이끌어냅니다. 이 과정에서 진리를 사랑하고 추구하는 자세는 필수적입니다.

그리고 진리를 사랑하는 태도는 비판적 사고와 깊은 연관이 있습니다. 비판적 사고는 주어진 정보를 맹목적으로 받아들이지 않고, 그 정보의 출처, 목적, 논리적 일관성 등을 검토하는 능력입니다. 이는 거짓 정보가 만연한 이 시대에서 진리를 찾아내기 위해 꼭 필요한 능력입니다. 매일 접하는 뉴스 기사, 소셜 미디어 게시물, 심지어는 친구나 가족의 말까지 필요하면 비판적 사고로 분석하는 습관을 들여야 합니다.

윤리적 책임감도 중요한 요소 중 하나입니다. 진리를 찾아내는 것은 개인적인 노력은 물론이고, 사회 전체의 건강한 정보 환경을 유지하는 데 기여할 수 있습니다. 개인, 교육, 언론, 정책 등 사회 전반에서 정확한 정보를 공유하고, 거짓 정보를 바로잡으며, 진리를 추구하는 문화가 바탕이 되도록 다음과 같은 노력을 해야 합니다.

첫째, 독서, 토론, 글쓰기 등을 통해 비판적 사고 능력을 기릅니다.

둘째, 정보를 접할 때마다 그 출처를 정확히 확인하고 신뢰성을 검증합니다.

셋째, 다양한 관점을 접하고, 서로 다른 의견을 존중하며 분석합니다.

| 진리 |

진리를 사랑하고 비판적으로 사고하라.

10

대칭을 통해 평등이 발견된다

"대칭은 양쪽에 차이를 만들 이유가 없음을 전제로,
우리가 한 번에 볼 수 있는 균형이다."

"La symétrie est ce que nous voyons d'un seul coup d'œil;
basé sur le fait qu'il n'y a aucune raison de faire une différence…"

옛날에 두 개의 거울이 있었습니다. 하나는 아름다운 궁전의 왕좌 뒤에 놓여 있었고, 다른 하나는 작은 오두막의 벽에 걸려 있었습니다. 두 거울은 서로의 위치와 환경이 다르지만, 그들이 반사하는 모습은 동일했습니다. 궁전의 거울은 왕의 웅장한 삶을, 오두막의 거울은 소박한 삶을 반사했습니다. 두 거울은 위치와 환경이 달랐지만, 대칭적으로 반사하는 능력은 동일하여 평등한 가치를 나타냈습니다. 대칭은 차별 없이 평등을 발견하는 중요한 개념임을 보여줍니다.

평등은 굉장히 중요한 가치로 인종, 성별, 계층 등에서 차별 없이 모든 사람이 동등한 권리와 기회를 가져야 한다는 원칙을 가지고 있습니다. 파스칼은 평등의 중요성을 대칭의 개념을 통해 시각적으로 쉽게 이해할 수 있게 제시했습니다.

이러한 평등과 공정성은 정의의 원리와도 연결됩니다. 파스칼의 말처럼 양쪽 사이에 차이를 만들 이유가 없다면, 이는 모든 사람이 동일한 기준으로 대우받아야 함을 의미합니다. 예를 들어 법 앞에서 모든 사람은 평등해야 하며, 동일한 행위에 대해 동일한 처벌이나 보상이 주어져야 합니다. 이는 사회적 정의의 중요한 요소로 대칭의 원리가 적용되는 분야입니다.

이를 증명하듯 대칭을 떠올릴 때 가장 유명한 상징 중 하나로 법을 대표하는 정의의 여신인 디케가 있습니다. 디케는 두 눈을 가린 채 한 손에는 칼을, 한 손에는 수평을 이룬 저울을 들고 있습니다. 저울은 엄정한 정의의 기준을 상징하는데, 한쪽에는 무게를 잴 물건을, 한쪽에는 추를 놓아서 평평하게 대칭을 이루게 만듦으로써 법의 공정함을 강조한다고 볼 수 있습니다.

파스칼은 대칭의 개념을 철학적으로 해석하여, 대칭이란 본질적으로 차이가 없음을 즉각적으로 인식하는 것임을 강조합니다. 대칭의 원리를 이해하고, 시각적 정보와 인식 과정을 개선하는 데 활용하여, 공정하고 평등한 사회를 만들어야 합니다. 대칭을 인식하는 순간, 자연스럽게 차별은 저 멀리 사라지고 모든 인간은 평등하며, 이는 진정한 이해와 조화의 상태로 가는 길임을 파스칼은 깨달은 것입니다.

| 평등 |

대칭은 평등과 공정성을 점차 인식하게 한다.

11

이성은 방향을 정하고, 감정은 목적지를 알려준다

“마음은 이성이 알지 못하는 이유를 가지고 있다.”

“Le cœur a ses raisons que la raison ne connaît point.”

혁신의 아이콘 스티브 잡스는 제품에 대한 열정과 완벽주의로 유명합니다. 그는 디자인과 사용자 경험에 강한 감정적 요소와 비즈니스 전략에 따른 이성적 판단을 통해 혁신을 이끌어냈습니다. 애플의 “Think Different” 캠페인은 감정적인 요소를 극대화한 마케팅 전략의 대표적 사례입니다. 이 캠페인은 창의성과 혁신을 강조하며, 소비자들이 애플 제품을 단순한 전자기기가 아닌 혁신의 상징으로 느끼게 했습니다. 이러한 접근 방식은 애플을 세계적인 기업으로 성장시키는 데 중요한 역할을 했습니다. 스티브 잡스의 경영 철학은 감정적으로 열정을 유지하면서도 이성적으로 전략을 세워 성공을 이끌어낸, 감정과 이성의 7:3 균형을 보여준 사례입니다.

이성과 논리는 우리가 살아가는 데 굉장히 중요한 역할을 합니다. 어떤 결정을 내릴 때 대부분의 사람은 논리와 그와 관련한 데이터에 의존하며, 과학적 사고와 합리적 접근을 중시합니다. 하지만 이성과 논리만으로는 이해할 수 없는 마음의 영역이 존재합니다. 마음의 영역은 행복과 만족에 큰 영향을 미치는 부분으로 이성과 논리도 중요하지만, 감정과 직관이 보다 더 중요한 역할을 한다고 할 수 있습니다.

개인주의가 심화되고 있는 요즘 사회에서 감정 지능(Emotional Quotient, EQ)의 중요성이 점점 강조되고 있습니다. 감정 지능은 자신과 타인의 감정을 인식하고 관리하는 능력으로, 효과적인 커뮤니케이션과 관계 형성에 꼭 필요합니다. 가족, 친구, 동료 등과의 신뢰와 교류는 이성적 분석만으로는 불가능합니다. 예를 들어, 친구가 어려움을 겪을 때 논리적으로 조언하는 것도 좋지만, 따뜻한 위로와 공감이 더 큰 도움이 될 수도 있습니다.

우리는 타인과 교류할 때 공감과 이해를 통해 더 단단한 관계를 형성할 수 있습니다. 감정 지능이 높은 사람은 더 나은 대인관계를 형성하고, 갈등 상황에서도 지혜롭게 대처할 수 있습니다. 또한 감정 지능은 스트레스를 관리하고 마음을 다스리는 데도 큰 역할을 합니다. 이는 우리의 정신적, 신체적 건강과 삶의 질을 향상시키는 데 많은 도움을 줍니다.

이성적 판단과 감정적 유대는 매번 강조해도 모자를 정도로 우리 삶에서 굉장히 중요한 요소입니다. 이성적 사고와 감정적 이해는 상호보완적입니다. 파스칼은 이성과 증거에 입각한 철학과 과학만으로는 삶의 궁극적 의미에 도달할 수 없음을 깨달았습니다. 우리는 삶의 진리를 깨닫기 위해 살아간다고 할 수 있습니다. 인간이란 무엇인가, 어떻게 살 것인가, 더 나은 삶이란, 행복이란 무엇인가 등 존재의 의미와 삶의 의미를 깨닫기 위해서는 이성적이고 논리적인 판단력을 갖추고, 감정 지능을 높여 균형 잡힌 삶을 살아가도록 노력해야 합니다.

| 감정 |

좀 더 감정 지능을 발휘하는 방향이 완전에 더 가까워진다.

12

지혜는 불편한 진실을 직시하고, 현명한 선택을 하는 것이다

"우리는 앞을 보지 못하게 막은 후, 아무 걱정 없이 절벽을 향해 달려간다."

"Nous courons sans souci dans le précipice, après que nous avons mis quelque chose devant nous pour nous empêcher de le voir."

1912년 4월 10일, 세계 최대의 여객선 타이타닉호가 영국 사우샘프턴항을 떠나 대서양을 건넜습니다. 호화로운 시설과 불침선이라는 명성을 자랑하며 뉴욕을 향해 항해를 시작했습니다. 승객들은 꿈같은 여정을 즐기고 있었지만, 운명은 잔인했습니다. 4월 14일 밤, 차가운 북대서양에서 타이타닉호는 거대한 빙산과 충돌했습니다. 선체는 산산조각 났고, 승객들은 혼란 속에서 탈출을 시도했습니다. 구조선이 도착하기 전에 배는 어두운 바다로 가라앉았습니다. 1,500여 명의 목숨이 바다에 잠겼고, 타이타닉호는 영원히 역사 속에 남게 되었습니다. 타이타닉호는 당대 최고 기술의 집합체로 모든 사람의 기대와 관심을 모았지만, 과한 자신감과 빙산에 대한 경고를 무시하는 등의 안일한 대처로 결국 엄청난 비극이 발생한 것입니다. 이 사건은 문제를 직시하지 않고 과신할 때, 큰 재앙이 발생할 수 있음을 보여주는 사례입니다.

바쁜 일상에서 우리는 때때로 중요한 것을 놓치거나 무시하는 경우가 발생합니다. 그 예로 환경 파괴와 기후 변화라는 심각한 문제를 들 수 있습니다. 더 이상 환경 문제는 우리가 간과할 수 없는 수준에 도달해 있습니다. 하지만 일상생활 속에서 환경 문제를 직시하고 해결하기 위해 아주 작은 노력이라도 실천하려는 사람은 많지 않습니다. 플라스틱과 일회용품 사용 줄이기, 에너지 절약 등을 통해 아주 작은 변화를 만들어낼 수 있음을 알고 있으면서도 당장의 편리를 위해 외면하는 경우가 더 많습니다.

또 다른 예로는 정신 건강 문제를 들 수 있습니다. 회사에서의 과도한 업무나 사회생활에서 오는 스트레스, 불안, 우울증 등 다양한 정신 건강 문제가 우리를 위협하고 있음에도, 이를 외면하고 자신의 정신 건강을 돌보지 않아 더 큰 문제에 직면하게 되는 사람이 많습니다. 정신적 문제나 감정적 문제도 감기나 배탈이 났을 때처럼 병원에 가는 것을 당연한 일이라고 생각해야 하는데, 아직 그러한 인식이 형성되지 못해 많은 사람이 꺼리는 것입니다. 정신적 문제도 다른 질병처럼 곧바로 병원에 가서 상담을 받고 치료를 받는 등의 적극적인 관리와 노력이 필요합니다.

빈부 격차와 같은 사회적 불평등 문제도 외면하고 회피하는 경우가 많습니다. 많은 사람이 이 문제에 대해 인식은 하고 있지만 자신과 상관없는 일이라고 치부하며 지나치고는 합니다. 그러나 이런 사회적 문제는 결국 우리 모두에게 부정적인 영향을 미치게 됩니다.

파스칼은 타이타닉호 사례처럼 우리가 직면한 문제나 위험에 맞서지 않고 피하려는 태도에 대해 경고하고 있습니다. 환경 문제, 정신 건강 문제, 사회적 불평등 등 다양한 문제에 책임감을 가지고 대처하면 우리는 더 나은 미래를 만들어 갈 수 있습니다.

| 직시 |

문제를 외면하지 말고, 상황을 직시하며 해결해야 한다.

13

진정성을 지닌 말은 마음에 닿는다

"진정한 웅변은 웅변을 비웃는다."

"La vraie éloquence se moque de l'éloquence."

미국 남북 전쟁이 진행 중이던 1863년 11월 19일, 게티즈버그 전투에서 숨진 병사들을 위한 국립묘지 봉헌식에서 당시 대통령 에이브러햄 링컨이 한 연설은 짧고 간결하지만 매우 강렬해 아직도 회자되는 유명한 연설로 남았습니다. 그때 링컨이 이야기한 "국민의, 국민에 의한, 국민을 위한 정부(government of the people, by the people, for the people)"라는 이 말은 민주주의를 가장 잘 표현한 문장으로도 알려져 있습니다. 그 당시 링컨의 연설은 전쟁으로 상처받은 국민에게 큰 위로와 희망을 주었습니다. 이 연설은 화려한 수사 없이도 진정성만으로 많은 사람의 마음을 움직였으며, 진정한 웅변이란 진정성이 있는 말이라는 것을 보여줍니다.

정치, 미디어, 문화, 일상생활 등 어떤 분야를 막론하고 어디에서든 우리는 소통하며 살아갑니다. 나와 가까운 가족, 친구, 동료 등과의 소통은 물론이고 정치인, 연설가, 미디어, 인플루언서 등 다양한 사람이 다양한 매체를 통해 우리에게 메시지를 전달합니다. 이러한 환경에서 화려한 언변과 감동적인 표현은 늘 우리 곁에 있다고 해도 과언이 아닙니다. 그러나 중요한 것은 그러한 언변 속에 진정성이 담겨 있느냐는 것입니다. 단순히 사람들의 호감을 사기 위해서, 자신의 이득을 위해서, 사람들의 감정을 조작하고자 하는 등의 의도라면 그 화려함 속에서 독을 찾아내야 합니다.

파스칼은 진정한 웅변이란 단순히 화려한 말솜씨로 사람들의 시선을 끌고 감동시키는 것이 아닌, 진실을 전달하고 사람들의 마음속에 깊은 영향을 미치는 것이라고 말합니다. 즉, 진정한 웅변은 웅변을 비웃는다는 상태가 되는 것입니다. 진정한 소통은 거짓을 배격하고, 진실과 정의를 추구하는 데 있습니다. 진심을 전달하고 상대방의 신뢰를 얻는 것이 중요합니다. 예를 들어, 위기 상황에서 지도자가 보여주는 진정성과 솔직함은 국민에게 큰 신뢰를 주며, 마음을 움직입니다. 이는 단순히 말뿐만 아니라 글이나 기타 표현 방법에서도 마찬가지입니다.

우리는 말과 행동에 진정한 의미와 가치를 담아야 합니다. 그래야 타인과 소통할 때 혹은 다양한 사람들 앞에서 발표하거나 연설 등을 해야 할 때 듣는 사람들의 마음에 깊은 영향을 미칠 수 있습니다. 신뢰할 수 있는 사람이 되려면 최선을 다해 진심을 전할 수 있어야 합니다.

| 솔직 |

화려함보다 진정성 있는 말을 중시하라.

14

습관이 우리의 본성을 지배하지 않게 하라

"습관은 첫 번째 본성을 파괴하는 두 번째 본성이다."

"L'habitude est une seconde nature qui détruit la première."

한 노인이 손자에게 마음속에 있는 '두 마리 늑대 이야기'를 해주었습니다. "우리 마음속에는 두 마리 늑대가 싸우고 있단다. 하나는 나쁜 늑대로 분노, 질투, 탐욕, 거짓말로 가득 차 있지. 다른 하나는 좋은 늑대로 기쁨, 평화, 사랑, 진실로 가득 차 있단다." 손자가 물었습니다. "둘이 싸우면 어떤 늑대가 이기나요?" 노인이 대답했습니다. "네가 먹이를 많이 주는 늑대가 이긴단다."

이 우화는 습관이 우리의 본성을 어떻게 지배할 수 있는지를 보여줍니다. 우리는 삶의 방식과 행동 패턴이 끊임없이 변화하는 시대에 살고 있습니다. 이러한 변화 속에서 사람들은 다양한 습관을 형성하며 일상을 채워가고 있습니다. 파스칼은 이러한 습관이 단순히 반복적인 행동을 넘어서 본성을 형성하고 심지어 기존의 본성을 파괴할 수 있다는 점을 강조합니다.

습관은 우리의 삶을 효율적이고 체계적으로 만드는 데 중요한 역할을 합니다. 좋은 습관은 건강, 일상, 인간관계 등 여러 면에서 긍정적인 영향을 미칩니다. 예를 들어, 규칙적인 운동 습관은 신체 건강을 증진시키고, 계획적으로 일하는 습관은 업무 성과를 높이며, 일관된 독서 습관은 지식을 넓히고 사고력을 향상시킵니다.

반면 불규칙한 생활 습관, 과도한 음주나 흡연, 지나친 미디어 접속 등의 나쁜 습관은 신체적, 정신적 건강에 해롭습니다. 또한, 우리의 성격과 행동을 부정적인 방향으로 변화시킬 수 있습니다. 예를 들어, 지속적인 불평과 비판은 긍정적이고 건설적인 사고를 방해하며, 일상생활과 대인관계를 악화시킬 수 있습니다. 나쁜 습관은 본래 가지고 있던 선한 성격과 특성을 나쁜 쪽으로 변화시키고 나아가 자기 자신을 파괴할 수도 있습니다.

"습관은 첫 번째 본성을 파괴하는 두 번째 본성이다."라는 파스칼의 말처럼 습관은 반복된 행동과 사고 패턴을 통해 성격과 삶의 방식을 재형성합니다. 습관은 때때로 본성을 지배할 수도 있어서 의식적으로 좋은 습관을 기르고, 나쁜 습관을 경계하는 훈련을 해야 합니다. 이를 위해서 자기 인식과 지속적인 노력, 의지가 필요합니다.

첫째, **작은 변화부터 시작하기:** 큰 변화를 시도하기보다는 작은 목표를 설정하고, 점진적으로 습관을 형성하는 것이 효과적입니다. 예를 들어, 초기에 10분씩 운동을 시작하고, 점차 시간을 늘려가는 방식입니다.

둘째, **일관성 유지하기:** 습관 형성에는 일관성이 중요합니다. 일정한 시간에 규칙적으로 행동을 반복함으로써 새로운 습관이 자연스럽게 자리 잡을 수 있습니다.

셋째, **긍정적 강화 사용하기:** 좋은 습관을 형성하는 과정에서 자신에게 작은 보상을 주는 것은 동기부여에 도움이 됩니다. 목표를 달성했을 때 스스로를 칭찬하거나 작은 선물을 주는 방식입니다.

넷째, **나쁜 습관 대체하기:** 나쁜 습관을 없애는 것만큼이나 중요한 것은 그것을 대체할 좋은 습관을 찾는 것입니다. 예를 들어, 스마트폰 사용 시간을 줄이기 위해 독서나 운동을 대신할 수도 있습니다.

| 습관 |

습관이 우리의 본성을 재형성한다.

15

침묵은 불의를 방조한다

"침묵은 가장 큰 박해다.
성인들은 절대 침묵하지 않았다."

"Le silence est la plus grande persécution. jamais les saints ne se sont tus."

마틴 루터 킹 주니어는 미국의 목사이자 인권 운동 지도자로, 인종 차별에 맞서 비폭력 저항 운동을 이끌었습니다. 어느 날, 그는 수천 명이 모인 워싱턴 D.C.의 링컨 기념관 앞에 섰습니다. 더운 여름날, 땀방울이 이마를 타고 흘러내렸지만, 그의 눈빛은 결의에 차 있었습니다. "I Have a Dream"을 주제로 한 연설이 시작되자, 사람들은 숨죽이며 그의 말을 경청했습니다. "저에게는 꿈이 있습니다!" 그의 목소리는 군중 사이에서 메아리쳤고, 사람들의 가슴속에 불꽃을 피웠습니다. 흑인과 백인이 손을 맞잡고 평등하게 살아가는 세상을 꿈꾸는 그의 연설은, 그날 링컨 기념관을 넘어 전 세계로 퍼져나갔습니다.

킹 목사는 두려워하지 않고 불의에 맞서 싸웠으며, 그의 용기와 목소리는 사회 변화를 이끌어냈습니다. 그의 삶은 불의에 침묵하지 않고 진리를 외친 사례로 남아 있습니다.

침묵은 때로는 강력한 무기가 될 수 있습니다. 하지만 불의나 부조리가 발생할 때 침묵하는 것은 이를 방조하거나 심지어 동조하는 것으로 보일 수도 있습니다. 예를 들어, 직장에서 부당한 대우를 받거나 혹은 그런 대우를 받는 동료를 외면하거나, 사회에서 차별과 불평등을 목격했을 때 침묵하는 것은 그러한 부조리를 지속시키는 결과를 초래할 수 있습니다. 파스칼은 이러한 상황에서 침묵하는 것이 얼마나 위험하고 부정적 영향을 미칠 수 있는지 경고합니다.

우리는 삶을 살아가면서 다양한 부조리와 불의를 목격하거나 경험합니다. 인종차별, 성차별, 경제적 불평등, 환경 파괴 등 다양한 문제가 늘 우리 앞에 놓여 있습니다. 이러한 문제를 외면하고 침묵하는 것은 문제를 더욱 악화시키고, 고통받는 사람들을 더욱 힘들게 합니다. 파스칼은 침묵이 불의를 방조하는 큰 박해가 될 수 있음을 경고했습니다. 따라서 우리는 불의와 부조리 앞에서 목소리를 내고 다음과 같은 행동을 해야 합니다.

첫째, **사회적 참여:** 사회적 불의에 맞서기 위해 적극적으로 참여해야 합니다. 평화 시위, 청원, 캠페인 등을 통해 목소리를 낼 수 있습니다.

둘째, **교육과 정보 공유:** 다른 사람들에게 문제의 심각성을 알리고, 올바른 정보를 제공하는 것도 중요합니다. 이를 통해 더 많은 사람이 문제를 인식하고 함께 행동할 수 있습니다.

셋째, **정치적 참여:** 투표와 정치적 참여를 통해 불의와 부조리를 해결할 수 있는 지도자와 정책을 지지해야 합니다.

넷째, **개인적 실천:** 일상생활에서 작은 행동을 통해 변화를 만들어 나갈 수 있습니다. 예를 들어, 환경 보호를 위해 일회용품 사용을 줄이거나, 공정 무역 제품을 구매하는 등의 행동이 있습니다.

| 불의 |

불의에 맞서 진리를 외쳐라.

16

인간은 사고와 생각만으로도 더 성숙해질 수 있다

"인간은 자연에서 가장 약한 갈대에 불과하지만, 생각하는 갈대다."

"L'homme n'est qu'un roseau, le plus faible de la nature, mais c'est un roseau pensant."

심리학자인 빅터 프랭클은 1905년 오스트리아 빈에서 태어난 유대인으로, 홀로코스트의 생존자입니다. 그는 제2차 세계대전 당시 나치 강제 수용소에서 죽음의 고통을 겪으며 인간의 나약함을 깨달았습니다. 그는 이러한 고통 속에서도 삶의 의미와 존재의 의미를 찾기 위해 노력했으며, 자신의 나약함을 인정하고 이를 통해 내적으로 성장하여 더 단단한 사람이 되고자 했습니다. 이런 과정을 담은 그의 저서 《죽음의 수용소에서》는 세계적인 베스트셀러가 되었습니다. 빅터 프랭클은 이 책을 통해 인간이 고통을 피할 수 없을 때 그 고통을 어떻게 받아들이고 의미를 부여하느냐에 따라 삶의 질이 달라진다는 진리를 이야기합니다.

프랭클의 통찰은 오늘날에도 깊은 의미를 지닙니다. 과학과 기술의 발전으로 우리의 삶은 이루 말할 수 없을 정도로 편리해졌지만, 여전히 자연의 힘 앞에서는 무력합니다. 자연재해, 질병 등은 인간이 자연 앞에서 얼마나 취약한 존재인지를 다시 한번 깨닫게 해줍니다. 인간이 이 세계의 주인처럼 강력해 보인다고 해도 자연 앞에서는 한없이 작은 존재임을 잊지 말아야 합니다.

하지만 이렇게 자연 앞에서 작은 존재임에도 우리는 '생각하는' 갈대입니다. 인간의 진정한 위대함은 육체적인 강함에 있는 것이 아니라, 빅터 프랭클 사례처럼 사고하고 반성하며 지혜를 쌓아가는 '생각하는' 능력에 있습니다. 생각하고 사유하는 인간의 능력은 우리가 환경에 적응하고, 문제를 해결하며, 위기에서 벗어나 인간을 성숙하게 하는 원동력이 됩니다.

파스칼에 따르면 인간은 모든 자연 중 가장 약한 존재로, 인간을 무찌르기 위해 전 우주가 무장할 필요는 없습니다. 한 줄기의 증기, 한 방울의 물만으로도 인간을 죽이기에 충분합니다. 하지만 우주가 인간을 무찌른다 해도 인간은 자기를 죽이는 자보다 더 고귀합니다. 인간은 자기가 반드시 언젠가는 죽어야 한다는 사실과 우주가 자기보다 강하다는 사실을 알고 있지만, 우주는 그 사실을 전혀 모르기 때문입니다. 그러므로 인간의 존엄성은 스스로 생각한다는 데 있다고 파스칼은 이야기합니다.

우리는 거대하고 무자비한 자연 앞에서 육체적으로는 약할지라도, 정신적으로는 강인하게 버틸 수 있습니다. 빅터 프랭클처럼 역경 속에서도 좌절하지 않고, 문제를 해결하려는 의지와 지혜를 갖춘다면 어떤 어려움도 극복할 수 있습니다.

| 생각 |

인간은 갈대처럼 약해 보여도, 생각으로 강해진다.

17

진정한 행복은
내면의 만족과 평화에서 온다

**"모든 인간의 행동은 행복해지고자 하는
욕망에서 비롯된다."**

"Toutes les actions des hommes sont motivées par le désir d'être heureux."

달라이 라마는 티베트의 영적 지도자로, 중국의 탄압으로 인해 고국을 떠나야 했습니다. 그럼에도 그는 외부 조건에 휘둘리지 않고 내적 평화와 만족을 추구했습니다. 망명 중에도 그는 명상과 자비, 연민을 통해 깊은 내적 평화를 찾았습니다. 어느 날, 달라이 라마는 수천 명이 모인 자리에서 평화와 행복의 메시지를 전파했습니다. 그의 따뜻한 미소와 부드러운 목소리는 사람들의 마음을 어루만졌습니다. 진정한 행복은 외부의 조건이 아닌, 내면의 만족과 평화에서 비롯된다는 달라이 라마의 가르침은 전 세계에 깊은 울림을 주었습니다.

우리는 모두 궁극적으로 행복을 추구합니다. 어떤 결정을 내리거나 어떤 행동을 한다는 행위 자체의 밑바탕에는 행복해지고자 하는 근본적 욕망이 존재한다고 할 수 있습니다. 흔히 행복은 물질적인 풍요와 높은 삶의 질에서 온다고 생각합니다. 물론 이는 어느 정도 수긍할 만한 조건입니다. 하지만 그렇다고 해서 물질적인 풍요와 높은 삶의 질이 반드시 행복을 보장하지는 않습니다. 여전히 많은 사람이 불안과 스트레스 등에 시달리며 살아가고 있습니다.

물질적인 행복을 위해 급여는 높지만, 스트레스가 극심한 직업을 선택하거나 사회적 안정과 인기를 얻기 위해 얕은 인간관계를 맺는 경우에는 오히려 불행을 초래할 수도 있습니다. 이러한 결정이 진정한 행복을 가져다주지 않는 이유는 표면적인 욕망만 충족하기 때문입니다.

파스칼은 진정한 행복은 내면의 성찰과 깊은 욕망의 이해로부터 나온다고 했습니다. 외부의 조건이 아닌 내부의 만족과 평화에서 오는 행복이 진정한 행복입니다. 자신이 진정으로 원하는 건 무엇인지, 무엇이 우리를 행복하게 만드는지 깊이 있게 다음 항목들을 생각해 봐야 합니다.

첫째, **자기 성찰**: 자신의 욕망과 동기를 깊이 이해하고, 무엇이 진정한 행복을 가져다주는지 성찰합니다.

둘째, **균형 잡힌 삶**: 일과 여가, 물질적 풍요와 정신적 만족 사이의 균형을 유지합니다.

셋째, **긍정적 인간관계:** 진실하고 깊이 있는 인간관계를 맺고, 상호 존중과 이해를 바탕으로 한 관계를 유지합니다.

넷째, **마음 챙김과 명상:** 마음의 평화를 유지하고, 현재에 집중하는 연습을 통해 내면의 행복을 찾습니다.

다섯째, **의미 있는 목표 설정:** 개인적 성취와 사회적 기여를 통해 의미 있는 삶을 추구합니다.

| 성찰 |

행복의 열쇠는 자기 성찰에 있다.

인간은 나약한 존재임을 인정할 때
더 성숙해질 수 있다

PART 2

인간의 삶은 불완전하고 모순적이다

18

인간은 불완전하고, 삶은 모순이라는 것을 인정해야 한다

"인간은 필연적으로 미치광이이기 때문에
미치지 않는 것은 또 다른 형태의 광기일 것이다."

"Les hommes sont si nécessairement fous que ce serait être
fou par un autre tour de folie de n'être pas fou."

옛날 어느 나라에 무능하고 사치스러운 왕이 있었습니다. 어느 날, 두 재단사가 왕을 찾아와 어리석은 사람의 눈에는 보이지 않는 아주 특별하고 아름다운 옷감이 있다며 왕을 꾀었습니다. 왕은 그 옷감으로 옷을 만들게 했고, 두 재단사가 완성되었다며 가져온 옷을 본 신하들은 옷이 아주 아름답다며 거짓말을 했습니다. 왕은 옷이 보이지 않음에도 옷이 마음에 드는 척 옷을 갈아입는 흉내를 내고 벌거벗은 채로 거리 행차에 나섰습니다. 모든 사람이 왕에게 환호를 보내던 그때 한 어린아이가 외쳤습니다. "벌거벗은 임금님이다." 그 순간 모든 사람이 진실이 드러났음을 깨달았습니다. 하지만 왕은 애써 당당한 척 행차를 계속했습니다.

파스칼에 따르면 인간은 본질적으로 비합리적이고 감정적인 존재입니다. 〈벌거벗은 임금님〉 우화는 인간은 완벽한 이성에 따라 행동하지 않으며, 때로는 비이성적 결정과 감정에 이끌린 선택을 하는 존재임을 설명합니다. 즉, 우리가 아무리 합리적이고 이성적인 삶을 추구하더라도 그 이면에는 필연적인 광기와 비합리성이 존재한다는 점을 파스칼은 지적했습니다.

기술의 발전, 경제의 글로벌화, 정치적 불안정성 등 우리가 예측할 수 없는 세계 속에서 완벽하게 이성적이고 논리적인 삶을 살아가는 것은 거의 불가능에 가깝습니다. 따라서 사람들은 때로는 직관과 본능에 의지하여 결정을 내리게 되는데, 이것이 바로 파스칼이 말한 '광기'의 일종입니다.

파스칼의 이러한 주장은 사회적 규범과 개인의 개성에 대해 생각하게 합니다. 사회는 특정한 행동이나 사고방식을 정상적이고 합리적으로 규정하며, 이러한 규범에 부합하지 않는 행동이나 사고방식은 비합리적이거나 '미친' 것으로 간주합니다. 그러나 파스칼은 이러한 사회적 규범 자체도 일종의 광기라고 지적합니다. 다시 말해, 사회가 규정한 정상성과 비정상성의 경계는 상대적이며, 절대적 진리가 아니라는 것입니다.

이러한 관점에서 우리는 자기 수용과 이해의 중요성도 생각해 봐야 합니다. 사람은 모두 불완전하고, 때로는 비이성적인 행동을 하므로 삶의 복잡성과 모순을 인정하고 받아들이는 것이 중요합니다. 이러한 포용은 타인과의 갈등을 줄이고, 우리를 더 관대하고 관용적인 사람으로 성장하게 합니다.

| 모순 |

불완전함을 포용할 때 완전함에 다가선다.

19

인간은 그 무엇도 아닌
덕에 의해 인정받아야 한다

"인간은 평등하다.
차이를 만드는 것은 출생이 아니라 덕이다."

"Les hommes sont égaux; ce n'est pas la naissance, mais la vertu qui fait la différence."

세계에서 가장 영향력 있는 여성으로 뽑히기도 했던 미국의 방송인 오프라 윈프리는 가난과 성적 학대, 인종차별을 겪으며 자랐습니다. 그녀는 엄청난 노력과 능력으로 세계적인 방송인이자 사업가로 성공했습니다. 어린 시절의 고통 속에서도 강한 의지와 공감 능력을 키워나갔고, 끊임없는 노력으로 〈오프라 윈프리 쇼〉를 통해 수많은 사람에게 영감을 주었습니다. 그녀의 따뜻한 목소리와 진심 어린 이야기는 사람들의 마음을 움직였고, 많은 이들에게 희망을 심어주었습니다.

사회는 법적으로 인간의 권리와 기회를 보장하고 있지만,

여전히 사회적 불평등과 차별이 존재합니다. 하지만 이러한 사회적 불평등과 차별도 우리의 진정한 가치를 감출 수는 없습니다. 진정한 평등은 우리의 행동과 선택을 통해 증명할 수 있습니다. 즉, 덕이라는 것은 개인이 어떤 사람이 되기를 선택하고 그로써 자신의 가치를 정하는 것입니다.

앞서 살펴본 오프라 윈프리의 이야기는 "인간은 평등하다. 차이를 만드는 것은 출생이 아니라 덕이다."라는 파스칼의 명언을 잘 설명해 줍니다. 어려운 성장 환경에도 불구하고 덕과 노력으로 성공한 그녀의 삶은 진정한 인생의 승리를 보여줍니다.

파스칼은 도덕적 가치가 사람들 간의 차이를 만든다고 말합니다. 도덕적 품성은 우리가 선택하는 행동에 근거합니다. 예를 들어, 어느 기업의 대표가 윤리적 리더십과 책임감 있는 경영을 한다면 그 회사는 직원들의 신뢰를 얻고, 장기적으로 성장을 해나가며 중요한 기업으로 자리매김할 수 있을 것입니다.

다양성과 포용이 강조되는 사회에서 우리는 정치, 경제, 사회적 결정을 책임지는 사람들을 그들의 인격과 도덕적 가치로 평가해야 합니다. 또한 공공정책과 기업의 사회적 책임, 교육제도 등은 모두 도덕적 가치와 평등의 원칙을 바탕으로 구축되어야 합니다. 진정한 평등은 각자의 덕과 덕의 실천에 따라 평가받는다는 철학적 원칙을 파스칼은 강조합니다. 인간의 본질은 도덕성과 품성이 중요하며, 사회적 지위나 출신으로 판단하지 않고, 그 사람의 행동과 덕을 통해 인간의 가치를 인정받아야 한다고 파스칼은 이야기합니다.

| 덕 |

덕과 행동이 진정한 가치를 결정한다.

20

인간만이 지닌 위대함을 실현하며 살아라

"인간에게 자신의 짐승과 동등한 면만 보여주고,
그 위대함을 보여주지 않는 것은 위험하다."

"Il est dangereux de trop faire voir à l'homme combien il
est égal aux bêtes sans lui montrer sa grandeur."

어느 마을에 현명한 노인이 살고 있었습니다. 어느 날, 마을 사람들이 노인에게 물었습니다. "인간은 짐승과 무엇이 다릅니까?" 노인은 마을 사람들을 숲으로 데려가 사자를 보여주었습니다. 사자는 먹이를 잡아먹고, 무리를 지키는 데 집중하고 있었습니다. 노인은 마을 사람들에게 말했습니다. "사자는 힘이 세지만, 본능에 따라 삽니다. 그러나 인간은 사자보다 힘은 약하지만, 인간만의 고유한 위대함을 가지고 있습니다. 인간은 사랑하고, 창조하며, 도덕적 선택을 할 수 있습니다. 우리는 사자와 달리 한계를 인정하면서도 그 안에 내재한 위대함을 발견하고 발전시킬 수 있습니다."

인간과 동물은 생물학적으로 많은 공통점을 가지고 있지만, 인간은 동물과 달리 특별한 능력과 잠재력을 가지고 있습니다. 파스칼은 이 우화처럼 인간은 인간의 한계를 인식함과 동시에 내재한 능력과 위대함을 깨우치고 인간의 존엄성을 존중해야 한다고 이야기합니다.

그러나 종종 우리는 인간의 본질적인 특성보다는 육체적 혹은 본능적 측면에 초점을 맞추는 경향이 있습니다. 예를 들어, 소셜 미디어와 같은 플랫폼에서는 외모, 소비 패턴, 즉각적인 만족만을 추구하는 삶의 방식을 중요시하는 경우가 많습니다. 내면의 성찰보다는 단순한 쾌락에 만족하는 삶에서 벗어나도록 노력해야 합니다.

우리는 인간만의 위대함을 인지하고 보여줘야 합니다. 외면의 아름다움과 본능적인 만족감, 물리적인 강함만을 추구하면 심리적으로나 정신적으로 완전하지 않은 상태에 놓일 수도 있습니다. 인간은 물리적인 측면 이상의 차원에서 존재하며 창의성, 도덕성, 사회적 연대감을 포함한 많은 면에서 위대한 존재임을 인식해야 합니다.

우리는 다른 동물들과 더불어 자연환경과 조화를 유지하며, 지구 더 나아가 우주와 함께 지속 가능한 방향으로 발전해야 한다는 사회적 책임을 인식해야 합니다. 우주 만물에 대한 사유와 연대, 책임감 등이 인간이 가진 위대함의 하나라는 사실을 파악하고, 개인만의 고유한 개성과 능력을 발견해 서로 존중하며 능력을 발전시켜야 한다고 파스칼은 이야기하고 있습니다.

| 위대함 |

인간의 본질적 가치와 잠재력을 존중하라.

21

삶을 의미 있게 만드는 건 자신의 몫이다

"인간은 필요로 가득 차 있다.
모든 것이 부족하고, 모든 것이 필요하다."

"L'homme est plein de besoins; tout lui manque, et tout lui est nécessaire."

어느 날, 한 농부가 황금알을 낳는 거위를 발견했습니다. 농부는 매일 거위가 낳는 황금알을 팔아 큰 부를 얻었습니다. 그러자 농부는 더 많은 황금알을 원했습니다. 결국, 그는 한 번에 모든 황금알을 얻으려는 욕심으로 거위의 배를 갈랐습니다. 그러나 거위의 배 안은 일반 거위와 똑같았고, 황금알은 없었습니다. 농부는 탐욕에 눈이 멀어 결국 황금알을 낳는 거위를 잃고 말았습니다. 농부가 거위가 매일 낳는 황금알에 만족했더라면, 그는 지속적으로 부와 행복을 누릴 수 있었을 것입니다.

파스칼은 인간은 끊임없이 무언가가 필요하다고 말합니

다. 식사, 숙면, 안전한 환경, 사랑과 안정, 성취감, 의미 있는 관계, 영적 만족 등 셀 수 없이 많은 것이 삶을 살아가는 데 필요합니다. 이러한 요소는 우리의 존재와 성장, 발전에 꼭 필요하며, 끊임없는 동기부여와 목표를 제공합니다.

또한 파스칼은 우리가 모든 것에 부족을 느낀다고 말합니다. 인간은 매번 더 많은 것을 원하고 얻기 위해 노력하는 존재입니다. 이는 소비사회의 현실에서 비롯된 자연스러운 욕구입니다. 하지만 한편으로는 이러한 과도한 욕구는 그것을 충족한다고 해도 바로 만족감을 주지 않고, 더 많은 욕구를 자극하기도 합니다. 그 결과 끝없는 소비와 구매로 이어지는데, 그 과정에서 공허와 결핍 등의 정신적인 고통을 경험하기도 합니다.

우리는 쉽게 자신의 필요와 욕구를 혼동합니다. 끊임없이 무언가를 원하고, 원하는 것을 손에 쥐어도 충분하지 않다고 느낍니다. 이는 우리 삶의 만족과 균형에 혼란을 주기도 합니다. 자신이 욕망하는 것과 실제로 필요한 것 사이의 차이를 이해하고, 균형을 찾아야 합니다.

파스칼은 본질적인 필요와 욕구를 깊이 있게 탐구하여, 어떻게 삶을 더욱 의미 있고 만족스럽게 만들 수 있는지 고민했습니다. 단순한 물질적 욕구나 보이는 것에만 의존하지 않고, 심리적, 정서적 안정을 중요시하며 자신의 현재를 한 걸음 떨어져 바라볼 수 있는 단단한 마음가짐이 중요합니다.

| 욕구 |

필요와 욕구의 균형이 진정한 행복을 만든다.

22

내면의 진리와 가치에 따라 행동하라

"진정한 도덕은 도덕을 비웃는다."

"La vraie morale se moque de la morale."

남아프리카공화국 최초의 흑인 대통령이자 흑인인권운동가인 넬슨 만델라는 대통령으로 당선되기 전에 남아프리카공화국의 아파르트헤이트(Apartheid, 유색인종 분리정책)에 맞서 싸운 후, 27년간 감옥에 갇혀 옥살이했습니다. 석방 후 그는 1993년 노벨 평화상을 수상했으며, 이듬해 남아프리카공화국의 대통령이 되어 인종 간의 평화와 화해를 이끌었습니다. 특히 남아프리카공화국에서 평등 선거 실시 후 뽑힌 세계 최초의 흑인 대통령이라는 점에서 이 선거는 매우 큰 의미가 있습니다. 만델라는 보복이 아닌 용서와 화해를 선택하며, 내면의 진리와 가치에 따라 행동했습니다. 이는 "진정한 도덕은 도덕을 비웃는다."라는 파스칼의 명언을 잘 보여줍니다. 사회적 규범에 얽매이지 않고 진정한 도덕적 리더십을 발휘한 만델라의 행보는 많은 이들에게 영감을 주었습니다.

파스칼은 도덕적 행동이나 규범을 준수하는 것은 중요하지만, 겉으로 보이는 도덕성이 실제로는 내면의 진정한 도덕적 행동과 다를 수 있다는 것을 지적했습니다. 사회적 압박에 따라 겉으로는 도덕적 표현이나 행동을 보이는 경우가 많습니다. 예를 들어, 사회적 기대나 법적 규제를 따르기 위해 일부 사람들은 도덕적으로 행동하려는 모습을 보이려고 하지만, 그것이 그들의 내면의 도덕성과 일치하지 않을 수도 있습니다. 즉, 도덕적 행동이 곧 정직함을 의미하지 않을 수도 있습니다.

또한 진정한 도덕은 도덕적 규범에 종속되지 않고, 자신의 신념과 일치하는 행동에서 비롯될 때 진정한 도덕은 도덕을 비웃게 된다고 파스칼은 말합니다. 만델라의 사례에서 볼 수 있듯이 진정한 도덕은 외부적인 압력이나 기대에 따르는 것보다, 개인이 깊이 생각하고 내적으로 인정할 수 있는 행동에서 발견됩니다.

파스칼은 진정한 도덕적 행동이나 가치는 오로지 외부의 규범이나 사회적 기준을 넘어서는 내면적인 원리에 의해 이루어질 수 있다고 생각했습니다. 파스칼의 이러한 신념은 현시대를 살아가는 사람들에게 깊은 깨달음을 줍니다. 우리는 도덕적 행동과 규범을 중시할 필요가 있지만, 그것이 내면에서 우러난 진정한 도덕적 행동과 일치하는지 고민해야 합니다.

| 도덕 |

도덕적 행동은 내면의 신념과 일치해야 한다.

23

열정의 이중성을 볼 줄 알아야 한다

"열정은 우리의 오류와 비참함의 근원이다."

"Les passions sont les sources de nos erreurs et de nos misères."

다이달로스는 그의 아들 이카로스와 함께 미노타우로스의 미궁에서 탈출하기 위해 새의 날개 깃털을 모아 실로 엮고 밀랍을 발라 날개를 만들었습니다. 다이달로스는 이카로스에게도 날개를 달아주며 태양에 너무 가까이 가면 태양열에 의해 밀랍이 녹으니 너무 높이 날지 말고, 너무 낮게 날면 바다의 습기에 날개가 무거워지니 항상 하늘과 바다의 중간 높이에서 날아야 한다고 경고했습니다. 그러나 날개를 단 이카로스는 자유롭게 날 수 있게 되자 아버지의 경고를 무시하고 열정적으로 날갯짓하여 태양에 가까이 날아갔습니다. 결국, 날개의 밀랍이 녹아 이카로스는 바다에 떨어져 죽고 말았습니다.

파스칼은 열정이 인간의 삶에 중요한 역할을 한다는 것을 인정하면서도, 그것이 한편으로 우리의 삶에 오류와 비참함을 초래할 수 있다고도 이야기합니다. 열정은 긍정적인 면과 부정적인 면을 모두 가지고 있습니다. 긍정적인 열정은 흥미와 동기부여를 제공하며 목표를 달성하고 성취를 느낄 수 있게 해줍니다. 또한, 창의성과 독창성을 촉진시키며 개인과 조직의 성장과 발전에 기여할 수 있습니다. 하지만 동시에 잘못된 열정은 나쁜 길로 빠지게 만들 수도 있으며, 스트레스와 갈등의 원인이 되기도 합니다.

파스칼에 따르면 열정이라는 강력한 감정과 충동은 우리의 판단을 흐리게 하고, 비합리적인 선택을 유도할 수도 있습니다. 예를 들면, 열정적인 사랑에 빠졌을 때 상대방의 결점을 인식하지 못하고 나쁜 점도 좋게만 보려고 해 나중에 후회할 수도 있습니다. 이러한 열정의 힘은 때로 우리를 비판적인 사고와 판단에서 멀어지게 할 수 있습니다.

또 열정이 과하면 비참한 결과를 초래할 수도 있습니다. 열정적인 욕구가 충족되지 않거나, 지나친 열정으로 자신을 제어할 수 없는 상황까지 가게 되면 불안과 고통에 휩싸일 수 있습니다. 이는 곧 타인은 물론이고 자신을 망가뜨리는 행동으로까지 갈 수 있습니다. 이카로스 이야기에서도 알 수 있듯이 과한 열정은 결국 비극적인 결말을 가져올 수 있습니다. 이처럼 열정의 이중성을 인식하고 그것이 우리의 행동에 미치는 영향을 이해하는 것이 중요합니다.

| 열정 |

열정의 힘을 균형 있게 다스려야 한다.

24

중간은 모든 것을 연결한다

"인간은 아무것도 아니며 모든 것 사이의 중간이다."

"L'homme est un milieu entre rien et tout."

하늘을 날고 싶어 하는 거북이가 있었습니다. 하늘을 날면 더 넓은 세상을 볼 수 있으리라 생각해 거북이는 마침 지나가는 독수리에게 하늘을 날 수 있게 해달라고 도움을 청했습니다. 날개가 없는 거북이에게 하늘을 나는 법을 알려줄 수 없었던 독수리는 고민 끝에 거북이를 발로 잡고 하늘로 날아올랐습니다. 이 정도면 하늘을 나는 기분을 느낄 수 있겠지, 하며 독수리는 아주 높은 하늘 위에서 거북이를 놓아주었습니다. 결국 거북이는 땅에 떨어져 크게 다쳤습니다.

이 우화는 '인간은 무한한 가능성과 현실 제약 사이에 있다'라는 사실을 잘 설명합니다. 거북이는 하늘을 날고자 하는 무한한 가능성을 꿈꾸었지만, 현실의 제약을 무시한 결과 비참하게 땅 위로 떨어져 다쳤습니다. 이처럼 무한한 가능성을 추구하면서도, 현실의 제약을 인정하고 균형을 유지하는 것이 중요합니다.

파스칼은 인간을 '중간'이라고 칭하며 인간 본질에 대해 깊이 있게 통찰했습니다. 인간은 자연에서도 중요한 위치를 차지하며, 다른 존재들에 비해 독특하고 복잡한 다층적인 존재입니다. 이는 우리가 물리적 세계와 정신적, 감정적 세계 사이에서 항상 변화하고 있음을 의미합니다. 우리는 육체적으로 존재하면서 정신적, 감정적 경험을 통해 세상을 이해하고 반응합니다.

파스칼의 말처럼 인간은 무한과 한계 사이에 존재합니다. 우리는 지적, 감정적으로 무한한 가능성을 가지고 있지만, 동시에 물리적 제약과 한계를 경험하고 있습니다. 무한한 이상을 추구하면서도 현실적인 제약과 조건을 받아들여야 한다는 복잡한 삶의 실제가 바로 여기에 있는 것입니다. 인간은 자연계와 우주의 일부로서 존재하지만, 동시에 고유한 인간성과 개인이라는 단 하나의 존재이기도 합니다.

이는 다시 인간의 자유와 책임에 대한 깊은 철학적 고찰과도 연결됩니다. 우리는 우주론적 입장에서 보면 아무것도 아니지만, 동시에 모든 것 사이에서 선택하고 행동할 수 있는 자유를 가지고 있습니다. 이에 따라 인간은 자신의 행동에 대한 책임을 져야 하며, 그것이 우리 존재의 의미를 형성하는 중요한 요소임을 깨달아야 합니다. 또한 이를 통해 깊이 있는 통찰과 삶의 의미를 찾아야 합니다.

| 중간 |

인간은 무한 가능성과 현실 제약 사이에 있다.

25

정신과 육체의 조화가
인간의 본질이다

"인간의 모든 것이 육체라고 말하는 것은 우스꽝스럽다.
모든 것이 정신이라고 말하는 것도 마찬가지다."

"Il est aussi ridicule de dire que l'homme est tout corps que de dire qu'il n'est tout esprit."

어느 날, 한 제자가 현자를 찾아와 물었습니다. "선생님, 인간은 육체와 정신 중 어느 쪽이 더 중요한가요?" 현자는 제자를 강가로 데려가, 두 손으로 물과 흙을 퍼서 제자에게 보여주며 말했습니다. "이 물은 정신이고, 이 흙은 육체다. 둘 다 없으면 생명을 유지할 수 없다. 물만 있으면 형체를 잃고, 흙만 있으면 생명을 잃는다."

이 이야기처럼 파스칼은 인간이 단순히 육체적 존재로서만 이해될 수 없고, 동시에 인간이 오로지 정신적 존재로만 존재할 수도 없다고 강조합니다. 인간은 육체와 정신이 균형을 이룰 때 비로소 온전한 존재가 될 수 있습니다.

종종 우리는 지적 활동과 육체적 활동이 상호보완적인 관계라는 것을 간과합니다. 육체적 건강과 정신적 안녕의 중요성은 늘 염두에 두어야 합니다. 인간의 본질은 정신과 육체가 조화를 이루는 것에 있으며, 이 두 가지 요소가 상호작용을 함으로써 완전한 삶을 살아갈 수 있습니다.

우리는 노동하는 것에 있어 육체노동보다 정신노동을 선호합니다. 직업적으로 블루칼라보다 화이트칼라를 선호합니다. 이는 지식과 기술의 발전으로 지적 활동을 강조하는 현상과 맞물려 있습니다. 하지만 파스칼은 인간이 오로지 정신적 측면만 추구하고 선호하면 한계가 있음을 지적합니다. 인간은 물리적 세계와 상호작용을 하면서 정신적으로 성장하는 과정을 거칩니다. 신체적 활동은 삶의 감정적인 경험을 더욱 풍부하게 만들고, 자아를 발전시키는 데 중요한 역할을 합니다.

육체적 노동은 육체뿐만 아니라 정신까지 건강하게 만들어 줄 수 있습니다. 또 지적 탐구는 육체노동이 끝난 뒤 독서나 무언가를 배우고 사유하는 것을 통해 충족할 수 있습니다. 정신노동도 여가시간에 신체적 단련을 하거나 새로운 지적 탐구를 통해 신체적 건강과 정신적 건강을 모두 챙김으로써 지적 활동과 육체적 활동을 상호보완할 수 있습니다.

파스칼은 단순히 물리적 측면이나 정신적 측면만으로 인간을 이해할 수 없다고 했습니다. 정신과 신체를 모두 단련하여 영혼과 육체가 조화를 이룰 때 진정한 인간성이 완성될 것입니다.

| 본질 |

육체와 정신의 균형을 이루어야 한다.

26

말보다 침묵이 진심을 전할 때가 있다

"기쁨의 침묵은 언어로 표현할 수 없는 말을
더 많이 담고 있다."

"Le silence de la joie est plus plein de parole que la langue ne saurait dire."

루이자 메이 알코트의 베스트셀러 소설 《작은 아씨들》에서 네 자매 중 셋째인 베스는 가족을 위해 피아노 앞에 앉았습니다. 부드러운 손길로 건반을 누르자, 방 안은 곧 아름다운 선율로 가득 찼습니다. 자매들은 말없이 그 소리를 감상했습니다. 메그는 창밖을 바라보며 미소를 지었고, 조는 책을 들고 있다가도 연주에 귀를 기울였습니다. 에이미는 손을 모은 채 감동에 젖었습니다. 베스의 피아노 소리는 따뜻함과 사랑을 담아내며 방 안을 감싸안았습니다. 연주가 끝난 후, 자매들은 서로를 바라보며 아무 말 없이 미소 지었습니다. 그 순간, 말이 필요 없었습니다. 그들의 마음은 하나로 이어져 있었고, 모두가 같은 행복과 사랑을 느끼고 있었습니다.

파스칼은 '기쁨의 침묵'이라는 표현으로 말로 나타낼 수 없는 내면의 기쁨을 그려내고자 했습니다. 이는 외부적 성공이나 물질적 풍요와는 별개로, 내적으로 느끼는 만족과 풍요로움을 뜻한다고 볼 수 있습니다. 우리는 보여주기식 삶에 익숙해져 있습니다. 외부적 성공이나 물질적 풍요를 타인에게 은근히 드러내고 자랑하는 걸 즐깁니다. 그러나 그러한 성공의 보여주기식 감정 표현은 자신의 깊은 감정을 반영하지 못하는 경우가 많습니다. 기쁨의 진정한 본질은 자신만이 느낄 수 있는 가슴 깊은 곳에서부터 시작되며, 이 감정을 오롯이 들여다보고 즐길 줄 알아야 합니다. 내 감정을 들여다보는 일은 침묵 속에서 더 많은 의미와 깊이를 지닙니다.

언어는 생각과 감정을 전달하는 중요한 도구지만 한계도 있습니다. 예를 들어, 사랑하는 사람과의 강렬한 감정 교류가 이루어지는 찰나의 순간이나, 자연 속에서 느끼는 아름다움을 감상할 때, 혹은 간절히 바라고 노력했던 목표를 성취했을 때 느끼는 강렬한 기쁨 등 여러 상황에서 느끼는 희로애락은 종종 그 감정을 언어로 표현하기 어려울 때가 있습니다.

또 예술이나 음악과 같은 비언어적 매체들이 말로 표현하기 어려운 감정을 훨씬 더 효과적으로 전달하는 경우도 있습니다. 《작은 아씨들》의 한 장면처럼 이렇게 말로 표현할 수 없는 감정에는 깊이와 풍성함이 담겨 있습니다. 이런 감정은 그 자체로 매우 감동적이고 의미 있는 경험이 될 수 있습니다.

파스칼은 기쁨과 같은 감정을 언어로 완벽하게 표현하는 것은 어렵다는 점을 깊이 탐구하여, 내적 풍요와 만족감을 경험하는 데 침묵이 중요하다고 이야기합니다. 언어의 한계를 인식하고 감정을 침묵 속에서 느끼는 과정을 통해 진정한 나를 돌아보고 자신을 찾아가야 한다는 중요한 사실을 깨달을 수 있습니다.

| 침묵 |

기쁨은 말보다 침묵에서 깊어진다.

27

사유의 균형이 삶의 평온을 가져온다

"너무 적게 생각하거나 너무 많이 생각하면
광신적이고 고집스러워진다."

"Penser trop peu ou trop nous rend obstinés et fanatiques."

옛날 옛적 페르시아 왕국에 책사랑과 별사랑이라는 두 친구가 있었습니다. 책사랑은 "세상의 모든 지혜"라는 책을 읽고 모든 것을 안다고 자부하며 다른 사람들의 의견을 무시했습니다. 그는 책에 나와 있는 내용만을 진리로 믿고, 새로운 지식을 받아들이지 않았습니다. 반면, 별사랑은 별을 관찰하고 연구하는 데 몰두하여 다른 모든 것을 무시했습니다. 그는 자신의 연구 외에는 관심을 두지 않고, 다른 주제에 대해 말하면 듣지도 않았습니다. 책사랑은 너무 협소하게 생각하여 고집스러워졌고, 별사랑은 너무 깊게 많이 생각하여 광신적으로 변했습니다. 둘 다 자신의 아집과 모순적 태도 때문에 점점 더 고립되고 불행해져만 갔습니다.

파스칼은 생각의 균형을 유지하는 것이 얼마나 중요한지를 강조하며, 극단으로 치우치지 않는 중용의 덕목을 일깨워 줍니다.

우선 '너무 적게 생각하는 것'은 깊이 있는 사고 없이 표면적인 정보만 받아들이고, 비판적 사고를 배척하고 의견을 형성하는 것을 의미합니다. 이런 태도는 사람을 고집스럽게 만듭니다. 자신이 알고 있는 정보가 전부라고 생각하고, 다른 의견이나 새로운 정보를 받아들이지 않기 때문입니다. 이는 치명적인 정보의 오류를 발생시킬 수도 있습니다. 예를 들어, 가짜 뉴스나 편향된 정보는 비판적 사고의 부재로 인해 빠르게 퍼질 수 있으며, 이는 사회적 신뢰를 낮추고 거짓 정보가 만연한 사회를 만들 수 있습니다.

반대로 '너무 많이 생각하는 것'은 과도한 분석과 고민으로 인해 결정 문제를 겪거나, 특정 사상이나 이념에 지나치게 집착하는 것을 의미합니다. 이는 사람을 광신적으로 만듭니다. 과도한 생각과 고민은 오히려 명확한 판단을 방해하고, 끊임없는 불안과 의심 속에 살게 합니다. 예를 들어, 과도한 음모론이나 극단적인 이념에 경도된 사람들에게 빠져 자신의 관점을 절대적으로 믿고, 다른 의견을 배척하게 될 수도 있습니다. 이는 사회적 갈등을 심화시키고 상호 이해를 어렵게 합니다.

파스칼의 말처럼, 사고의 균형과 소통은 우리가 살아가는 데 필수적입니다. 이는 삶의 질을 높이고, 사회의 조화를 이루는 데 결정적인 역할을 합니다.

| 중용 |

지나침과 부족함을 경계하라. 중용이 곧 지혜다.

28

불확실 속에서 지혜를 발휘하라

"모든 것이 불확실하다는 것도 확실하지 않다."

"Il n'est pas certain que tout soit incertain."

어느 날, 한 농부가 기르던 말이 도망쳤습니다. 마을 사람들은 안 좋은 일이 일어난 농부를 위로했습니다. 그러나 농부는 "좋은 일인지 나쁜 일인지 누가 알겠소."라고 대답하며 크게 낙심하지 않았습니다. 며칠 후, 도망갔던 말이 야생말 여러 마리를 데리고 돌아왔습니다. 마을 사람들은 "정말 좋은 일이 일어났군요!"라고 말했습니다. 그러나 농부는 다시 "좋은 일인지 나쁜 일인지 누가 알겠소."라고 대답했습니다. 이후, 농부의 아들이 야생말을 타다가 다리를 다쳤습니다. 마을 사람들은 "정말 불운이군요!"라고 말했습니다. 농부는 또 "좋은 일인지 나쁜 일인지 누가 알겠소."라고 대답했습니다. 얼마 후, 전쟁이 일어나고 젊은이들이 징집되었지만, 다친 농부의 아들은 면제되었습니다. 이렇게 농부는 불확실한 상황에서도 침착하게 상황을 받아들이고자 했고, 결국 불운이었던 것 같은 일도, 행운이었던 것 같은 일도 모두 받아들이기 나름이라는 사실을 깨달았습니다.

파스칼은 불확실성 그 자체에 대한 확신도 불확실할 수 있음을 강조합니다. 이는 우리가 가진 지식과 확신이 항상 절대적인 것은 아니라는 점을 떠올리게 합니다. 즉 모든 것이 불확실하다고 단정 짓기 전에, 우리의 인식과 판단이 얼마나 제한적이고 불완전한지를 자각해야 합니다.

우리는 알고 있는 것이 전부라고 착각하거나 우리의 판단이 항상 옳다고 믿는 경향이 있습니다. 그러나 파스칼은 모든 것이 불확실하다고, 혹은 확실하다고 단정 지을 때 그 속에 숨겨진 가능성과 기회를 놓칠 수 있다고 경고합니다.

우리가 살아가는 세상에서 불확실성은 피할 수 없는 현실입니다. 불확실성은 두려움과 불안을 가져다주기도 하지만, 동시에 새로운 기회도 줍니다. 불확실성은 우리가 성장하고 발전하는 데 중요한 역할을 합니다. 불확실한 상황에서는 그 상황을 파악하고 헤쳐 나가려면, 새로운 해결책을 찾기 위한 창의력과 혁신이 필요합니다. 파스칼이 말한 것처럼 불확실성을 두려워하기보다는 그것을 받아들이고 그 속에서 지혜를 찾아야 합니다. 이는 변화를 두려워하지 않고, 변화 속에서 적응하고 발전하는 능력을 키우는 데 도움이 됩니다.

| 불확실 |

불확실 속에서 지혜와 기회를 찾아라.

29

즉각적 보상이 아닌 지속적 보상을 기다려라

"받고자 하는 것을 얻으려면
기다릴 줄 알아야 한다."

"Il faut savoir attendre pour obtenir ce qu'on désire."

워런 버핏은 장기적인 안목과 인내를 강조하는 세계적인 투자자입니다. 그는 주식을 매수한 후 장기간 보유하며 기업의 성장과 함께 수익을 누립니다. "주식을 10년 이상 보유할 생각이 없다면 10분도 보유하지 말라."라고 경고하며, 즉각적인 수익보다 시간이 지남에 따라 가치가 상승할 수 있는 기업에 투자합니다. 그의 인내와 장기적인 투자 전략은 결국 막대한 수익으로 보답받습니다. 버핏의 사례는 "받고자 하는 것을 얻으려면 기다릴 줄 알아야 한다."라는 파스칼의 말을 다시 한번 더 생각하게 합니다.

파스칼은 인생에서 중요한 가치가 있는 많은 것에는 인

내가 필요하다고 이야기합니다. 예를 들어 진정한 사랑, 깊은 우정, 직업적 성공, 사회적 명예 등은 하루아침에 이루어지지 않습니다. 빠른 결과만 추구하다 보면 그 과정에서 배울 수 있는 많은 것을 놓칩니다. 기다림의 과정에서는 끈기, 인내, 성찰 등을 배울 수 있습니다. 게다가 기다림 끝에 원하는 것을 얻었을 때는 그 가치를 더 크게 느낄 수 있습니다. 오랜 시간 노력 끝에 성취한 목표는 더 큰 만족감을 주고, 그 과정에서 배운 것들은 삶을 더욱 풍요롭게 합니다.

기다림은 단순히 시간을 흘려보내는 것이 아니라, 그 과정에서 자신을 발전시키기 위해 준비하는 시간을 담고 있습니다. 원하는 것을 얻기 위해 기다리고 노력하는 동안, 더 나은 사람이 될 기회와 배움을 얻게 됩니다. 예를 들면, 직장에서 승진하기 위해 노력하고 기다리는 동안 자신의 역량을 키우고, 더 나은 리더가 되기 위해 준비를 할 수 있습니다.

즉각적인 만족은 일시적인 기쁨을 주지만, 지속적인 만족은 더 큰 기쁨을 줍니다. 쉽게 얻은 것은 쉽게 잃어버릴 수 있습니다. 반면, 기다림과 노력 끝에 얻은 것은 더 큰 만족을 더 지속할 수 있습니다. 다음은 파스칼이 말한 인내와 기다림의 생활방식을 위한 지침입니다.

첫째, **장기적 목표 설정:** 단기적 만족보다는 장기적 목표를 설정하고, 그 목표를 향해 꾸준히 나아갑니다.

둘째, **과정 즐기기**: 목표를 향해 가는 과정에서 배우고 성장하는 즐거움을 찾는 것이 필요합니다.

셋째, **역량 키우기**: 기다리는 동안 자신의 역량을 키우고, 전문적 지식을 축적합니다.

넷째, **긍정적 마음가짐 유지**: 결과에 대한 긍정적 마음가짐을 유지하고, 작은 성취에도 기뻐하는 것이 필요합니다.

| 인내 |

기다림은 성장과 준비의 시간이다.

30

사랑은 타인의 본질을 이해하는 힘이다

"우리는 사랑할 때만 사람들을 이해할 수 있다."

"On ne comprend jamais les gens que lorsqu'on les aime."

디즈니 애니메이션 〈미녀와 야수〉에서 벨은 외모가 흉측한 야수를 처음에는 두려워하지만, 점차 그의 내면을 사랑하게 됩니다. 야수는 벨의 진정한 사랑을 통해 자신의 본모습을 되찾고, 인간적인 성장을 이룹니다. 벨의 사랑과 이해는 야수의 내면을 변화시키며, 진정한 사랑이 외모와 상관없이 사람을 이해하고 받아들이는 데 중요한 역할을 한다는 것을 보여줍니다. 이 애니메이션은 사랑의 힘이 사람을 진정으로 이해하고 변화시키는 과정을 잘 그려냅니다.

사랑은 타인을 있는 그대로 받아들이고, 상대방이 가진 고유한 가치와 본질을 이해하는 힘을 가지고 있습니다. 〈미녀와 야수〉에서 벨처럼 누군가를 사랑하게 되면, 그 사람의 약점과 결점을 포용하고, 그 사람의 장점을 발견하고자 하며, 그 사람의 행동을 이해하고자 노력합니다. 이러한 현상은 단순한 논리적 사고나 분석으로는 도달할 수 없는 깊은 차원의 이해입니다.

파스칼은 타인을 진정으로 이해하기 위해서는 사랑과 공감이 필요하다고 이야기합니다. 작은 스마트폰 하나로 전 세계 사람들과 소통하고 교류할 수 있는 현시대에는 지구 반대편에 있는 서로 다른 배경, 문화, 가치관을 가진 사람들과도 가까운 이웃이나 친구처럼 소통하며 함께 살아갈 수 있습니다. 이런 시대에는 파스칼의 말처럼 타인을 향한 다음과 같은 공감과 이해가 더욱 필요합니다.

첫째, **경청하기**: 진정한 이해를 위해서는 상대방의 말을 경청하는 것이 중요합니다. 상대방의 감정과 생각을 이해하려는 마음가짐으로 경청하면, 그들의 입장을 더 잘 이해할 수 있습니다.

둘째, **공감하기**: 공감은 사랑의 한 형태로, 타인의 감정을 이해하고 함께 느끼는 것입니다. 공감을 통해 우리는 상대방의 고통과 기쁨을 함께 나누며, 더 깊은 차원의 이해에 도달할 수 있습니다.

셋째, **비난하지 않기**: 사랑은 비난 대신 이해를 선택합니다. 타인을 비난하기보다는 그들의 상황과 배경을 이해하고, 그들의 입장에서 생각해 보려는 노력이 필요합니다.

넷째, **자신의 감정 나누기:** 자신의 감정을 솔직하게 나누는 것도 중요합니다. 이는 상대방에게 자신을 더 잘 이해하게 하고, 상호 간의 신뢰를 쌓는 데 도움이 됩니다.

사랑은 단순히 감정적인 차원을 넘어서 인간의 본질을 이해하고, 서로를 존중하며, 더 나은 사회를 만드는 근본적인 힘입니다.

| 사랑 |

사랑은 근본적인 힘의 원천이다.

31

사랑은 말로 표현해야 전달된다

"사람들은 자신이 얼마나 사랑하고,
얼마나 미워하는지를 결코 말하지 못했다."

"Les hommes n'ont jamais été capables de dire combien ils s'aiment et combien ils se haïssent."

영화 〈이터널 선샤인〉은 감정 표현의 어려움이 인간관계를 어떻게 복잡하게 만드는지를 잘 보여줍니다. 주인공 조엘과 클레멘타인은 이별 후 서로의 기억을 지우는 시술을 받습니다. 이 과정에서 조엘은 클레멘타인과의 소중한 추억을 떠올리며 감정 표현의 중요성을 깨닫습니다. 기억을 지운 후에도 두 사람은 다시 끌리게 되고, 감정을 솔직하게 표현하는 것이 관계를 유지하는 데 굉장히 중요하다는 것을 배우게 됩니다.

사람들은 다양한 감정을 느끼지만, 이를 명확하게 표현하는 데 어려워합니다. 파스칼도 인간이 자신이 느끼는 사랑과 미움의 정도를 정확히 표현할 수 없음을 지적합니다. 감정은 복잡 미묘하며, 다양한 요인에 의해 영향을 받기 때문입니다. 감정은 때로 상반되거나 모순될 수 있으며, 이는 사람들이 누군가를 얼마나 사랑하고 미워하는지를 명확히 인식하거나 표현하는 데 어려움을 줍니다.

우리는 종종 감정을 억누르거나 숨기려고 합니다. 사회적 규범이나 개인적인 이유로 감정을 솔직하게 표현하는 것을 어려워합니다. 예를 들어, 직장에서 분위기나 위계질서 때문에 상사나 동료에게 불만을 표현하기 어려워하거나, 성격상 가족이나 친구에게 느끼는 애정을 직접적으로 표현하기 어려워하는 경우도 있습니다. 영화 〈이터널 선샤인〉에서 조엘은 클레멘타인과 이별 후 그녀에 대한 감정을 솔직하게 표현하지 못한 것을 후회합니다. 만약 사랑하는 사람에게 늘 사랑을 표현하고 자신의 감정을 솔직하게 이야기한다면 사랑하는 사람들과 더 강한 신뢰를 쌓을 수 있습니다.

파스칼은 감정을 솔직하게 표현하고 소통하는 것이 얼마나 중요한지 이야기합니다. 사랑과 미움은 인간관계에서 매우 중요한 요소이며, 이를 제대로 표현하지 못하면 갈등이 생길 수 있습니다. 우리는 다양한 소통 도구와 방법을 알고 있지만, 진정한 감정 표현은 여전히 어렵게 느껴집니다. 따라서 자신의 진솔한 감정을 표현하는 연습이 필요합니다.

첫째, **감정 정리:** 자신의 감정을 정확히 인식하고 이해하는 것이 중요합니다. 일기를 쓰거나 명상을 통해 자신의 감정을 정리해 보세요.

둘째, **솔직한 대화:** 가까운 사람들과 솔직하게 대화하는 연습을 해 보세요. 자신의 감정을 표현하고, 상대방의 감정을 경청하는 것이 중요합니다.

셋째, **비폭력 대화:** 비폭력 대화(Nonviolent Communication, NVC) 기법을 통해 감정을 표현하세요. 이는 공격적이지 않고, 상대방을 존중하는 방식으로 감정을 전달하는 방법입니다.

넷째, **전문가의 도움:** 감정 표현이 어려운 경우, 상담사나 심리치료사의 도움을 받을 수 있습니다. 이들은 감정을 표현하고 소통하는 기술을 개발하는 데 도움을 줄 수 있습니다.

| 표현 |

감정 표현의 어려움이 인간관계를 복잡하게 만든다.

32

기쁨엔 슬픔이,
슬픔엔 기쁨이 필요하다

"지속적인 기쁨은 지루하고,
지속적인 슬픔은 견딜 수 없다."

"La continuelle joie est ennuyeuse, et la continuelle tristesse insupportable."

석가모니는 왕궁의 화려함 속에서 안락한 삶을 누리고 있었습니다. 그러나 어느 날, 그는 병든 사람, 늙은 사람, 그리고 죽음을 맞이한 사람을 보게 되었습니다. 이 충격적인 광경들은 그의 마음을 깊은 슬픔과 혼란에 빠뜨렸습니다. 그는 삶의 본질을 깨닫기 위해 궁을 떠나 출가했습니다. 고요한 숲에서 그는 명상과 수행에 몰두하며 고통과 기쁨의 진정한 의미를 탐구했습니다. 수많은 밤이 지나고, 드디어 그는 깨달음을 얻었습니다. 세상의 고통과 기쁨이 서로 얽혀 있음을, 그리고 그 두 가지를 모두 받아들일 때 진정한 평화를 찾을 수 있음을 깨달았습니다.

우리는 삶을 살아가면서 다양한 즐길 거리와 오락 요소를 소비합니다. 그리고 이러한 즐거움이 계속되기를 바랍니다. 하지만 파스칼은 지속적인 기쁨은 결국 지루함을 초래한다고 이야기합니다. 이는 우리의 삶에 다양성과 변화, 도전 등이 필요하다는 점을 내포하고 있습니다. 지속적인 기쁨은 그 자체로 만족감을 줄 수 있지만, 시간이 지남에 따라 더 큰 자극을 원하게 되고, 소소한 행복이나 작은 기쁨을 무미건조하게 느끼게 될 수 있습니다. 따라서 진정한 만족과 행복은 일시적인 기쁨이 아니라, 다양한 경험과 감정을 포함하는 삶의 균형에서 찾아야 합니다.

반면에 지속적인 슬픔은 인간이 견딜 수 없는 고통을 초래합니다. 우리 주위에는 늘 불안, 우울, 스트레스 같은 부정적인 감정이 언제든 덮쳐올 준비를 하고 있습니다. 불안이나 우울, 슬픔에 잠긴 사람들은 정신적, 신체적으로 고통받고 건강까지 위협을 받습니다. 파스칼은 이러한 슬픔이 지속될 때 사람은 견딜 수 없는 상태가 되며, 곧 이는 삶의 파괴로까지 나아갈 수 있다고 경고합니다. 슬픔은 우리의 감정 중 하나로 중요한 역할을 하지만, 그것이 지속적으로 유지된다면 우리는 감당할 수 없는 상황에 맞닥뜨리게 될 것입니다. 따라서 슬픔을 극복하고, 슬픈 감정을 다루는 방법을 배워야 합니다.

파스칼은 궁극적으로 삶의 균형을 강조합니다. 석가모니의 깨달음처럼 우리가 살아가면서 경험하는 모든 것은 기쁨과 슬픔, 행복과 고통, 성공과 실패 등이 혼합된 것입니다. 이러한 다양한 경험이 인간의 삶을 풍요롭게 하고, 진정한 의미의 성장을 가져옵니다. 기쁨과 슬픔 사이에서 균형을 찾는 것은 삶을 더 깊이 이해하고, 감정의 다양성을 수용함으로써 한 사람이 성숙해지는 과정입니다.

| 성숙 |

기쁨과 슬픔의 균형이 삶의 깊이를 만든다.

33

타인과 비교되는 삶이 아닌 나만의 삶을 살아라

"사람은 너무 불행해서
심지어 근거 없이도 싫증이 난다."

"L'homme est si malheureux qu'il s'ennuierait même sans aucune cause d'ennui."

옛날에 부유한 유대인 상인이 있었습니다. 그는 돈과 재산을 모으며 사치와 쾌락을 추구했지만, 마음은 공허했습니다. 상인은 유명한 현자를 찾아가 조언을 구했습니다. 현자는 상인을 조용한 호숫가로 데려가 말했습니다. "이 호수에 물을 채우려면 강물이 필요하지, 금이나 보석으로는 채울 수 없다." 상인은 깨달았습니다. 마음속 공허는 물리적인 재산이나 쾌락으로 채울 수 없으며, 진정한 성공을 위해서는 내면의 평화와 자아 성찰이 필요하다는 것을 깨달았습니다.

파스칼은 인간의 본성에 내재한 불만과 불행에 대해 이야기하며, 겉으로 보이는 성공과 상관없이 마음속으로는 삶에 대한 싫증과 불만을 가질 수도 있다는 사실을 지적했습니다. 파스칼이 궁극적으로 강조하는 중요한 것은 바로 정신적 안정과 내면의 평화입니다. 진정한 행복은 마음이 평화로울 때 옵니다. 물질적 풍요와 명예가 때로는 행복의 가치처럼 여겨지기도 합니다. 하지만 마음의 안정이 뒤따르지 않으면 진정한 만족과 행복을 느낄 수 없을 것입니다.

우리는 끊임없이 타인과 자신을 비교하며, 상대적 불행과 부족함을 느낍니다. 이는 소셜 미디어의 발달로 인해 더욱 심화되는 현상 중 하나입니다. 타인의 성공과 행복한 모습을 보며 상대적인 박탈감과 불안감을 느끼고, 자신의 재력과 성공 요인을 과시하며 자신보다 부족해 보이는 타인을 보며 상대적인 만족감과 우월감을 느끼다가도, 또다시 자신보다 더 잘나가는 듯한 사람을 보면 불안해합니다. 하지만 파스칼은 진정한 불행의 원인은 내면에 있음을 상기시키며, 이러한 타인과의 비교가 무의미하다는 것을 암시합니다.

파스칼은 인간의 불만족과 불안정을 철학적으로 탐구합니다. 인간은 본질적으로 불안과 불만족을 안고 살아가는데, 이는 인간의 욕망이 무한하며 어떤 외부 요인이나 조건에 의해서도 완전히 채워지지 않기 때문이라고 이야기합니다. 그래서 사람들은 아무 이유 없이 싫증을 느끼고, 갑자기 불안해하거나 자신에게 주어진 상황에 만족하지 못하는 경향이 있습니다. 인간에 내재된 내적 빈곤과 영적 공허는 내적 갈등과 불만족을 가져오고, 이는 인간 존재의 본질적인 부분임을 파스칼은 지적하고 있습니다. 따라서 파스칼이 이야기한 것처럼 우리는 이를 극복하기 위해 타인과의 비교된 삶이 아닌 나 자신만의 삶에서 의미와 목적을 찾아야 합니다.

| 비교 |

내적 공허는 외부로부터 채울 수 없다.

34

활기찬 정신이 모든 것을 가져온다

"지루한 마음은 절대 직관적이지도
수학적이지도 않다."

"Les esprits ennuyeux ne sont jamais ni intuitifs ni mathématiques."

세계적인 기업가 일론 머스크는 테슬라와 스페이스X를 창립하며 혁신적 기업가 정신을 발휘했습니다. 그의 활기찬 정신과 창의적 접근은 전기차 산업과 우주 탐사에 큰 변화를 불러왔습니다. 테슬라는 전 세계 자동차 산업에 활력을 불어넣었고, 스페이스X는 재사용 가능한 로켓과 민간 우주 여행을 실현하며 우주 산업에서 혁신을 일으켰습니다. 머스크의 사례는 "지루한 마음은 절대 직관적이지도 수학적이지도 않다."라는 파스칼의 말을 떠올리게 합니다. 일론 머스크의 직관적 접근이 기술 발전과 산업 혁신을 이끌었습니다.

하루하루 지루하게 살아가다 보면 새로운 아이디어나 해

결책을 찾아내는 능력이 현저히 떨어집니다. 이러한 현상은 일상에서 반복적이고 단조로운 일에만 몰두하거나, 새로운 도전과 학습을 기피할 때 발생합니다. 일상을 지루하게 보내다 보면 하루가 다르게 변화하는 세계에 적응하지 못하고, 정체되거나 뒤처지게 됩니다.

파스칼은 활기찬 정신이 직관적 사고와 논리적, 수학적 사고를 발전시키는 데 중요하게 작용한다고 이야기합니다. 직관은 경험과 지식을 바탕으로 신속하게 결정을 내리거나 문제를 해결하는 능력으로, 즉각적인 통찰과 창의적 사고를 요구합니다. 수학적 사고는 문제를 논리적으로 분석하고 체계적으로 해결하는 능력으로, 엄밀한 논리와 구조적 사고를 요구합니다.

하지만 지루한 일상을 보내거나 지루한 마음가짐으로 상황을 대면하다 보면, 직관적 사고와 수학적 사고에서 모두 뒤떨어집니다. 지루한 마음에서 벗어나기 위해서는 일론 머스크의 사례처럼 호기심과 열정, 그리고 지속적인 학습과 도전이 필요합니다. 호기심은 새로운 것에 대한 관심과 탐구를 촉진하고, 열정은 목표를 향한 지속적인 노력을 가능하게 합니다.

예를 들어, 간단히 새로운 기술이나 언어를 배우거나 새로운 취미 생활을 시작하는 것도 도움이 됩니다. 또 창의적인 프로젝트나 새로운 모임에 참여하여 새로운 사람들을 만나거나, 다양한 분야의 독서를 하는 것도 좋은 방법입니다. 이러한 활동은 직관과 논리적 사고를 강화하며, 지루함에서 벗어나 활기찬 삶을 살아가는 데 도움이 됩니다.

| 활력 |

활기찬 정신은 창의와 논리의 근원이다.

35

맹목적인 사람이 되지 말고, 비판적인 사람이 되어라

"철학을 조롱하는 것은
진정한 철학자가 되는 것이다."

"Se moquer de la philosophie, c'est être un vrai philosophe."

'밀그램 실험'은 예일 대학교의 심리학과 교수 스탠리 밀그램(Stanley Milgram)이 실시한 권위에 대한 복종 실험입니다. 실험 결과는 가히 충격적이었습니다. 실험 참가자들은 권위자의 지시에 따라 다른 사람에게 전기 충격을 가해야 하는 상황에서 대부분 맹목적으로 지시를 따랐습니다. 이 실험은 비판적 사고 없이 권위에 복종하는 것이 얼마나 위험한 결과를 초래할 수 있는지를 보여줍니다. 실험 결과, 많은 사람이 자신의 행동에 대한 책임을 권위자에게 전가하며, 도덕적 판단을 유보하는 모습을 보였습니다. 이 실험은 우리가 비판적 사고를 통해 권위자의 명령을 검토하고, 그에 따른 도덕적 책임을 인식하는 것이 중요함을 시사합니다.

철학은 기본적으로 질문을 던지고, 기존의 신념과 가정을 비판적으로 검토하는 학문입니다. 철학자는 고정된 진리나 절대적인 답을 찾기보다는 끊임없이 의문을 제기하고, 기존의 사고방식을 재검토하며, 진리에 관한 더 깊은 이해를 추구합니다. 이와 같은 의미에서 파스칼이 이야기한 '철학을 조롱한다'는 것은 단순히 철학을 경멸하고 무시하거나 조롱하는 것을 뜻하는 게 아니라, 철학적 사고의 경계를 넘어서고, 기존의 철학적 체계를 비판적으로 검토해야 한다는 뜻입니다.

파스칼은 진정한 철학자는 기존의 철학적 전통이나 권위에 얽매이지 않고, 그것을 비판적으로 검토하며, 새로운 관점을 모색하는 사람이라고 이야기합니다. 즉 비판적으로 접근함으로써 새로운 진리와 이해를 추구합니다. 이것이 철학적 사고의 핵심이라고 할 수 있습니다. 이러한 태도는 비판적 사고와 창의적 사고의 기반이 됩니다.

과학적 발견이나 사회적 혁신은 기존의 통념을 조롱하고, 새로운 진리를 추구하는 과정에서 이루어졌습니다. 갈릴레오 갈릴레이의 천문학적 발견이나, 마틴 루터 킹 주니어의 인권 운동은 모두 기존의 권위와 통념을 비판하고, 새로운 진리를 추구하는 과정에서 이룬 성과입니다.

기존의 신념과 권위를 맹목적으로 받아들이기보다는 그것을 비판적으로 검토하고, 새로운 관점을 모색하는 태도를 지녀야 합니다. 이러한 태도는 개인의 성장과 사회의 발전에 꼭 필요합니다.

| 비판 |

진정한 철학은 기존 신념의 비판적 검토다.

인간의 삶은

불완전하고 모순적이다

PART 3

인간 불행의 대부분은 혼자 있지 못하는 데서 왔다

36

혼자 있는 시간은 나를 성장시킨다

"모든 인류의 문제는 사람들이 혼자 조용히 앉아 있지 못하는 데서 비롯된다."

"Tous les problèmes de l'humanité proviennent de l'incapacité de l'homme à rester assis tranquillement seul dans une pièce."

최영환의 저서 《인생을 바꿀 책 속의 명언 300》을 보면 어느 분야에서건 최고의 실적을 남긴 사람들 중에는 고독을 좋아하는 사람이 많다고 합니다. 왜 일류가 된 사람들은 고독을 즐길까요? 고독해야 자신의 과제가 무엇인지 또렷이 떠오르기 때문입니다. 무리로 몰려다니면 자신의 약점을 적당히 감출 수 있습니다. 하지만 힘 있는 사람은 무리 지어 다니지 않습니다. 다만 힘 있는 사람은 무리를 거느릴 뿐입니다. 성공한 리더는 언제나 혼자 보내는 시간의 중요성을 알고 있습니다.

파스칼은 인간은 혼자 있는 시간을 통해 자기 내면을 돌아보고, 자기 성찰을 할 수 있어야 한다고 이야기합니다. 혼자 조용히 있는 시간은 생각을 정리하고, 자신의 감정을 들여다보고 이해하며, 깊은 통찰을 얻기 위해 꼭 필요합니다. 이러한 시간을 갖지 못하면, 하루가 멀게 쏟아져 들어오는 외부 자극에 노출되어 타인에게 휘둘리고, 스스로와 마주할 기회를 잃을 수 있습니다. 스스로를 돌아보는 시간을 갖지 못하면 자기 자신을 제대로 이해하지 못하게 되고, 이는 다양한 문제를 일으킬 수 있습니다.

사람들은 관계에 많은 시간을 할애하지만, 정작 자기 자신과의 관계를 소홀히 합니다. 파스칼은 혼자 있는 시간을 통해 자기 자신과 깊은 유대와 관계를 맺고, 이를 통해 더 건강한 사회적 관계를 구축할 수 있다고 말합니다. 나 자신을 제대로 알지 못하면서 타인을 이해하고 알아간다는 것은 모순입니다. 자신을 이해하고 자신의 감정을 다스릴 수 있는 사람이 타인과의 관계에서 더 성숙하고 안정된 모습을 보일 수 있습니다. 혼자 있는 시간을 통해 자신을 이해하고 성장하기 위해 노력해야 합니다.

첫째, **내면 소통:** 명상이나 마음 챙김을 통해 자기 내면에 집중하는 시간을 가질 수 있습니다. 이는 우리의 정신적, 정서적 건강을 증진시키는 데 도움을 줍니다.

둘째, **디지털 디톡스:** 일정 기간 동안 디지털 기기와의 접촉을 줄이고, 자신만의 시간을 갖는 것도 좋은 방법입니다. 우리의 주의를 산만하게 하는 요소들을 줄이고, 집중력을 높이는 것이 중요합니다.

셋째, **자아 깨달음:** 매일 일기를 쓰면서 자기 생각과 감정을 기록하는 것은 자기 성찰의 좋은 방법입니다. 일기 쓰기는 자기 내면을 더 깊이 이해할 수 있게 도와줍니다.

넷째, **자연 속 시간:** 자연 속에서 혼자 시간을 보내는 것도 내면의 평화를 찾는 데 도움이 됩니다. 자연은 스트레스를 줄이고, 마음을 진정시키는 데 효과적입니다.

| 혼자 |

자기 성찰은 혼자 있는 시간 속에서 깊어진다.

37

작은 기쁨과 위안을 소중히 해야 한다

"작은 일들이 우리를 안심시키는 이유는
작은 일들이 우리를 불안하게 만들기 때문이다."

"Les petites choses nous réconfortent parce que les petites choses nous angoissent."

제임스 클리어의 저서 《아주 작은 습관의 힘》은 작은 습관이 어떻게 큰 변화를 불러올 수 있는지를 설명합니다. 제임스는 작은 행동의 반복이 큰 성과를 만들어낸다고 주장합니다. 그는 습관 형성의 네 가지 법칙(신호, 열망, 반응, 보상)을 소개하며, 이러한 작은 변화를 꾸준히 실천하면 인생 전반에 걸쳐 긍정적인 영향을 미칠 수 있다는 것을 강조합니다. 매일 조금씩 좋은 습관을 만든다면 무엇을 결심하든, 원하는 것을 얻을 수 있다는 용기와 희망을 전합니다.

파스칼은 인간이 작은 일들에 쉽게 영향을 받는 존재임을 지적하며, 일상의 작은 일들이 우리의 삶에 큰 영향을 미친다고 이야기합니다. 작은 실수나 사소한 오해, 일상의 작은 불편함 등이 끊임없이 계속되며 우리의 마음을 불안하게 만들고 스트레스를 가중시킵니다.

반면에 작은 일들이 큰 위안을 줄 때도 있습니다. 아침에 마시는 커피 한잔, 누군가 건네는 따뜻한 인사, 친구와의 짧은 대화, 잘 정돈된 책상 등은 마음을 편안하게 하고, 일상의 스트레스를 완화해 줍니다. 이러한 작은 즐거움들이 일상을 더욱 풍요롭게 만들고, 큰 불안 속에서도 작은 평화를 찾을 수 있게 도와줍니다.

파스칼은 작은 기쁨과 위안은 우리 삶의 소중함을 상기시켜 준다고 합니다. 제임스 클리어가 저서에서 이야기한 것처럼 긍정적인 작은 변화를 꾸준히 실천하여 좋은 습관을 만들면 우리의 삶이 조금 더 즐겁고 행복해질 것입니다.

첫째, **작은 즐거움 찾기:** 일상에서 작은 즐거움을 찾는 연습을 해야 합니다. 예를 들어 아침에 일어나서 좋아하는 음악을 듣는 것, 산책하며 자연을 느끼는 것 등이 작은 즐거움을 줄 수 있습니다. 이러한 작은 행동들이 마음을 안정시키고, 큰 불안 속에서도 평화를 찾을 수 있게 도와줍니다.

둘째, **감사하는 마음 가지기:** 작은 일들에 감사하는 마음을 가지는 것도 중요합니다. 하루 중 일어나는 작은 일들, 예를 들어 누군가의 친절한 말 한마디, 예상치 못한 도움 등을 감사하게 생각하면, 더 긍정적인 마음가짐을 가질 수 있습니다. 이는 우리의 정신적 건강에 큰 도움이 됩니다.

셋째, **일상의 균형 찾기**: 일상에서 작은 일들에 대한 스트레스와 불안을 줄이기 위해서는 균형을 찾는 것이 중요합니다. 업무와 휴식, 사회적 관계와 개인 시간을 적절히 조절하는 것이 필요합니다. 작은 일들에 너무 민감하게 반응하지 않도록, 마음의 여유를 가지고 큰 그림을 보는 연습이 필요합니다.

| 작은 힘 |

일상의 사소한 기쁨이 큰 평안을 준다.

38

도전과 지속적 목표설정은 나를 성장시킨다

"사람들은 어려움을 이기고 나면, 그 안식조차 견디기 어려워진다."

"Les hommes cherchent le repos dans la lutte contre les difficultés; et quand ils les ont vaincus, le repos devient insupportable."

한 나그네가 높은 산을 오르기로 결심했습니다. 산을 오르는 동안 그는 많은 어려움과 맞서 싸우며 끊임없이 도전했습니다. 드디어 정상에 도착한 나그네는 성취감과 안식을 찾았습니다. 그러나 시간이 지나면서 그는 정상에서의 안식을 견딜 수 없게 되었습니다. 그래서 그는 다시 새로운 산을 찾아 도전을 시작했습니다. 그에게는 도전 속에서 얻는 안식이 진정한 만족을 주었습니다.

파스칼은 우리가 끊임없이 변화를 추구하는 존재라고 강조합니다. 인간은 본능적으로 도전을 추구합니다. 도전을 통해 성장하고, 자신의 한계를 시험하며, 실패와 좌절을 극복하는 법도 배우고, 성취감을 느낍니다. 그러나 목표를 달성하고 나면 성취감과 기쁨도 잠시, 허무와 공허감을 느낍니다. 이는 우리의 삶에서 도전과 성취가 얼마나 중요한 역할을 하는지 보여줍니다. 단순히 성공과 안식을 추구하는 것만으로는 진정한 만족을 얻을 수 없습니다. 끊임없는 도전과 성장이 필요합니다.

또한, 파스칼은 우리의 삶에서 의미와 목적을 찾는 과정이 굉장히 중요하다는 사실을 상기시켜 줍니다. 도전과 어려움을 극복하는 과정에서 삶의 목적을 발견하고, 그 목적은 우리가 앞으로 나아가게 하는 원동력이 됩니다. 일상을 살아가다 보면 수없이 많은 도전을 하고 목표를 위해 노력하는 사람들을 볼 수 있습니다. 회사에 다니는 사람은 자신의 능력을 인정받고 더 성장하기 위해 노력하고, 어떤 사람은 배우는 것을 두려워하지 않고 새로운 직업에 도전하기도 하며, 누군가는 학업에서 더 많은 연구와 결과를 내기 위해 노력합니다. 이처럼 우리는 끊임없이 자신을 성장시키고 발전시킬 수 있는 목표를 꾸준히 갱신해야 합니다.

첫째, **지속적인 목표 설정:** 목표를 달성한 후에는 새로운 목표를 설정하여 자신을 끊임없이 도전하게 합니다. 이는 개인의 성장과 발전을 촉진합니다.

둘째, **새로운 것 시도하기:** 새로운 기술을 배우거나, 취미를 개발하여 자신의 능력을 확장하는 것이 중요합니다. 이를 통해 삶에 새로운 활력을 불어넣을 수 있습니다.

셋째, **균형 찾기:** 도전과 목표로 전진 후에는 균형을 찾는 것이 중요합니다. 끊임없는 도전도 중요하지만, 충분한 휴식과 안식의 재충전도 필요합니다.

넷째, **의미 있는 활동:** 자신에게 의미 있는 활동을 찾아 참여합니다. 이는 삶에 더 큰 목적과 만족감을 줄 수 있습니다.

| 도전 |

도전과 목표 의식의 반복이 삶의 균형을 찾게 한다.

39

자기 초월과 사회적 목표에서 삶의 의미를 얻는다

"우리는 주어진 삶을 사는 것에 만족하지 않고, 더 큰 삶을 원한다."

"Nous ne nous contentons jamais de vivre, nous voulons vivre davantage que nous-mêmes."

마더 테레사는 안락한 삶을 뒤로 하고 가난하고 병든 사람들을 돌보는 길을 선택했습니다. 인도 캘커타의 빈민가에서 굶주림으로 고통받는 아이를 보고, 그녀는 자신의 삶을 헌신하기로 했습니다. 인류애와 봉사의 정신으로, 거리로 나가 병든 사람들을 치료하고 굶주린 사람들에게 음식을 나누어 주었습니다. 수많은 어려움 속에서도 그녀는 포기하지 않았고, 사랑과 헌신으로 전 세계 고통받는 이들에게 희망과 사랑을 전했습니다. 마더 테레사의 삶은 자기 초월과 사회적 목표를 통해 깊은 삶의 의미를 찾은 놀라운 사례입니다.

파스칼은 인간은 단순히 생존 이상의 것을 추구하는 존재라는 것을 꿰뚫어 보았습니다. 인간은 기본적인 생리적 욕구를 충족한 후에는 더 높은 차원의 욕구를 충족하고자 합니다. 이는 매슬로우의 욕구 5단계 이론에도 잘 나타나 있습니다. 생리적 욕구와 안전 욕구가 충족된 후에는 소속감과 사랑, 존중, 그리고 자기실현 욕구를 추구합니다.

파스칼은 우리의 삶이 다른 사람들과의 관계 속에서 더 큰 의미를 가진다는 점을 상기시켜 줍니다. 이는 개인의 이익과 욕구를 넘어서 사회적, 도덕적 목적을 추구하는 것을 의미합니다. 마더 테레사는 사회적으로 소외된 병자, 고아, 그리고 죽어가는 이들을 위해 모든 사랑을 담아 헌신했습니다. 이는 많은 이들에게 감동을 주고 희망과 사랑을 전했습니다.

많은 사람이 자아실현을 위해 자신의 능력을 최대한 발휘하고, 그 능력을 사회에 기여합니다. 또 누군가의 도움을 받아 자신의 재능을 발견하고 자신의 가치를 찾기도 합니다. 영화 〈굿 윌 헌팅〉의 주인공 윌 헌팅은 수학, 법학, 역사학 등 공부의 모든 분야에 천재적인 재능을 가졌지만, 불우한 가정환경과 개인적인 상처로 자신의 능력을 발휘하지 못하고 방황합니다. 그러다 만난 심리학 교수 숀은 윌에게 위로와 공감을 전하며 그의 상처를 치유하는 데 도움을 줍니다. 마침내 윌은 조금씩 변화하고, 자기 초월을 경험하면서 천재적인 재능을 가지고 사회로 나갑니다.

우리는 단순히 개인의 행복을 추구하는 것을 넘어, 공동체와 사회에 기여함으로써 더 큰 만족을 얻기도 합니다. 서로 돕고 연대하는 삶을 통해 자아실현 욕구 충족과 자신의 가치와 신념을 실현할 수 있습니다.

| 초월 |

자기 초월과 사회적 기여로 충만한 삶을 살아라.

40

고난 속에서도
삶의 의미를 발견하게 된다

"병사나 노동자가 힘든 삶을 불평하면,
그에게 아무 일도 시키지 않도록 해보라."

"Quand un soldat se plaint de sa vie difficile (ou un ouvrier, etc.),
essayez de ne rien lui donner à faire."

한 병사가 그의 힘든 삶을 항상 불평했습니다. 전쟁터에서의 고난과 피로가 그를 지치게 했습니다. 어느 날, 지휘관은 그에게 아무 일도 시키지 않았습니다. 처음에 병사는 자유를 즐겼지만, 시간이 지나면서 그는 아무 일도 하지 않는 것이 얼마나 공허하고 의미 없는 일인지를 깨달았습니다. 결국 병사는 다시 일하고 싸우는 것이 자신의 삶에 의미와 목적을 준다는 것을 깨달았습니다. 그는 고난 속에서 자신의 존재 이유를 발견할 수 있었습니다.

많은 사람이 직장에서 스트레스와 과도한 업무로 불평불만을 가지고 살아갑니다. 파스칼은 우리가 일하면서 힘든 삶에 대해 불평할 때, 그 불평이 단순히 업무의 과중함 때문만은 아닐 수 있음을 직시합니다. 불평의 이면에는 업무의 내용, 환경, 그리고 회사 내에서 인정받지 못하는 느낌 등 다양한 요인이 존재할 수 있습니다. 따라서 단순히 일을 줄이거나 일을 하지 않는 것이 아니라, 왜 이런 불평불만이 생겼는지 자세히 생각해 보고 그 원인을 해결하는 것이 중요합니다.

파스칼은 인간은 본질적으로 일과 역할을 통해 자신의 가치를 느끼고, 사회에 기여할 수 있는 존재로 인식되기를 원한다고 합니다. 우리가 자기 일에 대한 불평을 최소화하기 위해서는 스스로 만족스러운 일을 할 수 있도록 여건을 마련해야 합니다. 또한 긍정적인 작업 환경을 조성하는 것도 중요합니다.

첫째, **적절한 업무 분담:** 각 개인의 능력과 관심에 맞는 업무를 할당함으로써 그들이 자신의 역할에 만족하고 더 나은 성과를 낼 수 있도록 돕습니다.

둘째, **인정과 보상:** 직원들이 자신의 노고와 성과를 인정받을 수 있도록 정기적인 피드백과 보상을 제공합니다. 이는 자신의 가치를 느끼고, 동기 부여를 받는 데 큰 도움이 됩니다.

셋째, **건강한 작업 환경:** 신체적, 정신적으로 건강한 작업 환경을 조성하는 것이 중요합니다. 이는 적절한 휴식, 안전한 작업조건, 스트레스 관리 등을 포함합니다.

넷째, **커뮤니케이션:** 직원들과 열린 대화를 통해 그들의 불만과 어려움을 경청하고, 이를 해결하기 위해 지속적으로 노력을 기울입니다.

삶을 살아가면서 의미와 목적을 찾는 것은 굉장히 중요한 일이라고 파스칼은 이야기합니다. 우리가 하는 일에서 의미를 찾고 자신이 사회 구성원의 일부로서 사회에 기여하고 있다는 느낌을 받도록 하는 것이 중요합니다. 이는 우리의 역할에 만족하고, 더욱 가치 있는 삶, 가치 있는 노동을 하면서 살아갈 수 있는 원동력이 될 것입니다.

| 의미 |

삶에서 의미와 목적은 중요한 가치 요소다.

41

회피는 해결책이 될 수 없다

"사람들은 죽음, 빈곤, 무지를
치료할 수 없어서
이를 생각하지 않기로 했다."

"Ne pouvant guérir la mort, la misère et l'ignorance, les hommes ont décidé, pour être heureux, de ne pas penser à de telles choses."

옛날에 한 가난한 마을이 있었습니다. 마을 사람들은 빈곤과 무지로 고통받고 있었지만, 문제를 외면하고 귀찮은 일은 생각하지 않으려 했습니다. 어느 날, 지혜로운 왕이 마을을 방문했습니다. 왕은 마을을 둘러보고 진상을 파악하고는 마을 사람들에게 말했습니다. "문제는 회피하면 절대로 해결되지 않는다. 문제를 직시하고 해결해야 진정한 행복을 찾을 수 있다." 왕은 마을에 학교를 세우고, 일자리를 창출하여 빈곤과 무지를 극복하게 도왔습니다. 마을 사람들의 삶의 질은 점점 향상되었고, 진정한 행복을 찾았습니다.

파스칼은 죽음, 빈곤, 무지라는 세 가지 큰 문제를 지적했습니다. 이 문제들은 인류 역사상 지속해서 존재해 왔으며, 지금도 여전히 해결되지 않은 과제입니다. 죽음은 피할 수 없는 운명이며, 빈곤은 사회적 불평등과 경제적 문제를 일으킵니다. 무지는 교육과 정보 접근 방식의 차이에 따라 발생하며, 이는 개인과 사회의 발전을 저해할 수 있습니다.

사람들은 다양한 방법으로 이러한 문제를 회피하려고 합니다. 오락과 소비에 몰두하거나 일시적인 만족을 추구하는 경향이 있습니다. 게임, 쇼핑, 여행 등은 일상에서 잠시나마 죽음, 빈곤, 무지와 같은 심각한 문제를 잊게 합니다. 이러한 회피 기제는 일시적으로 행복을 느끼게 하지만, 근본적인 문제를 해결하지는 못합니다.

파스칼의 말처럼 우리는 근본적인 문제를 회피하기보다는 직면하고 해결하려고 노력해야 합니다. 삶의 깊은 진리와 맞서야지만, 진정한 행복과 평화를 찾을 수 있습니다.

첫째, **죽음의 인식**: 삶의 유한성을 받아들이고, 순간순간을 소중히 여기는 태도를 가져야 합니다. 죽음을 두려워하기보다는 그것이 삶의 일부분임을 인정하고, 더 깊이 있는 삶을 살아가려는 노력이 필요합니다.

둘째, **빈곤의 극복**: 빈곤 문제는 사회적 불평등과 연결되어 있습니다. 이를 해결하기 위해서는 공정한 경제 정책과 사회적 안전망이 필요합니다. 또한, 개인적으로는 나눔과 기부를 통해 사회적 약자를 돕는 노력이 필요합니다.

셋째, **무지의 해소:** 무지를 극복하기 위해서는 지속적인 교육과 자기 계발이 중요합니다. 책을 읽고, 다양한 관점을 접하며, 새로운 지식을 습득하는 것이 필요합니다. 또한, 정보의 비판적 수용을 통해 지혜로운 판단을 할 수 있는 능력을 길러야 합니다.

| 난제 |

죽음, 빈곤, 무지의 인생 3대 난제와 직면하라.

42

사람은 행동하고 실천할 '의지'로 살아간다

"신은 영혼보다는 의지를 움직이기를 원하며,
완벽한 명확함은 영혼에 도움이 되지만
의지에는 해가 될 수 있다."

"Dieu souhaite faire bouger la volonté plutôt que l'esprit.
Une clarté parfaite aiderait l'esprit et nuirait à la volonté."

영화 〈록키〉에서 록키 발보아는 필라델피아의 무명 권투 선수로, 세계 헤비급 챔피언 아폴로 크리드와의 시합을 앞두고 있었습니다. 록키는 자신을 증명할 기회를 얻기 위해 끝없는 훈련과 자기희생을 감내합니다. 새벽에 일어나 거친 길을 달리고, 고된 훈련을 통해 자기 몸과 마음을 단련합니다. 그의 강한 의지와 결단력은 많은 사람에게 영감을 주며, 결국 링 위에서 강렬한 모습을 보여줍니다. 경기는 치열했고, 록키는 모든 힘을 다해 싸웠습니다. 비록 승리하지는 못했지만, 그의 의지와 투지는 관객들에게 큰 감동을 주었고, 그는 진정한 챔피언으로 기억되었습니다.

파스칼은 인간의 의지와 영혼을 구분합니다. 영혼은 지식과 이해, 논리를 통해 진리를 파악하려는 인간의 이성적 측면을 의미하며, 의지는 그 진리를 실천하고 행동으로 옮기는 능력을 의미합니다.

파스칼은 완벽한 명확함은 영혼을 돕고 의지에 해를 끼칠 것이라고 이야기하는데, 이는 모든 것이 명확하고 이해하기 쉬운 상태에서는 인간이 도전하거나 노력을 기울일 필요가 없어져, 의지가 약해질 수 있다는 것을 시사합니다. 완벽한 명확함은 영혼, 즉 이성적 측면에는 도움을 주지만, 그로 인해 인간의 의지는 나태해지고 도전 정신이 약화될 수 있습니다. 따라서 일정한 불확실성이 인간의 의지를 강하게 유지하는 데 도움이 된다고 볼 수 있습니다.

파스칼은 신이 우리의 의지를 움직이기를 원한다고 말함으로써, 신앙적 관점에서 우리의 행동과 선택이 중요하다는 것을 강조합니다. 이는 신앙적인 차원뿐만 아니라 일상생활에서도 적용될 수 있습니다. 이해와 지식만으로 만족하지 말고, 그것을 실천하고 행동으로 옮기는 의지를 가져야 합니다.

우리는 파스칼의 말처럼, 불확실성을 긍정적으로 받아들이고, 완벽한 명확함을 추구하기보다는 불확실한 상황 속에서 불안해하거나 좌절하지 않고, 의지를 발휘해 가치를 위해 행동하고 실천하는 삶을 살아야 합니다. 불확실성을 두려워하지 않고 굳은 신념과 의지를 가지고 계속 나아가다 보면 우리가 원하는 목표에 다가설 수 있을 것입니다.

| 의지 |

확고한 신념과 의지는 불확실성을 뛰어넘는다.

43

대다수 사람이 평범함을 선호한다

"평범함이 가장 좋으며,
이를 피하는 사람은 비난받는다."

"Rien n'est bon à part la médiocrité.
La majorité a réglé ce problème et reproche à celui qui y échappe par quelque moyen que ce soit."

숲속에는 높고 웅장한 나무와 작은 나무들이 함께 자라고 있었습니다. 작은 나무들은 서로 비슷한 높이로 자라며 평범하게 살아갔습니다. 그러던 어느 날, 한 작은 나무가 더 높이 자라기 위해 열심히 성장했습니다. 그러자 다른 작은 나무들이 "왜 우리와 다른 길을 가려고 하느냐?"라며 그 나무를 비난했습니다. 그 작은 나무는 비난에도 꿋꿋하게 자라올라 높고 웅장한 나무가 되어 숲을 내려다보며 더 넓은 세상을 볼 수 있었습니다. 하지만 작은 나무들은 여전히 같은 높이에 만족하며 평범하게 살아갔습니다.

파스칼은 평범함을 긍정적으로 평가합니다. 평범함은 대

다수가 추구하는 안전하고 안정적인 상태를 의미합니다. 이는 일상생활에서 겪는 혼란을 피하고, 평화롭고 조화로운 삶을 살아가는 데 도움을 줍니다. 평소 많은 사람이 추구하는 평범한 행복은 안정된 직장, 화목한 가정, 사회적 지위 등을 말합니다.

또 파스칼은 대다수가 평범함을 추구하면서, 그것을 벗어나는 사람들을 비난한다고 지적합니다. 이는 사회적 압력과 동조 현상을 반영합니다. 사회는 평균적 수준을 유지하려는 경향이 있습니다. 그러다 보니 종종 사회적 기준에 맞추라는 압박을 받으며, 개성과 창의성을 억제당하기도 합니다. 이는 개인이 가진 잠재력을 충분히 발휘하지 못하게 하고, 사회 전체의 다양성과 혁신을 저해할 수 있습니다.

따라서 평범함을 벗어나는 것은 비난받을 만한 일이 아니라고 파스칼은 강조합니다. 또 오히려 개인의 개성과 차별화로 창의성을 키워야 한다고 말합니다. 현대사회에서는 평범함을 뛰어넘어 독창적이고 창의적인 아이디어를 제시하는 사람들이 중요한 역할을 하고 있습니다. 예술가, 과학자, 기업가 등은 사회의 기존 틀을 벗어나 새로운 길을 개척하며, 사회 발전에 큰 힘을 보탭니다.

평범한 삶을 살아가는 것도 중요하지만, 다음과 같이 개성과 창의성을 존중하고 장려하는 것도 필요합니다.

첫째, **자기 수용**: 자신이 누구인지, 무엇을 좋아하는지, 무엇을 잘하는지에 대해 깊이 이해하고 받아들여야 합니다. 자기 자신을 존중하고, 남들과 다름을 두려워하지 않아야 합니다.

둘째, **독창성 찾기**: 평범함과 차별화 사이에서 균형을 찾아야 합니다. 안정성과 안전을 추구하면서도, 자신의 독창성과 창의성을 발휘할 기회를 놓치지 말아야 합니다.

셋째, **사회적 지지**: 다른 사람들의 이해와 지지를 받을 수 있는 사회적 네트워크를 구축해야 합니다. 가족, 친구, 동료 등에게 긍정적인 피드백과 지원을 받을 수 있습니다.

넷째, **자아 발전**: 지속적인 학습과 자아 발전을 통해 자기 능력을 향상하고, 새로운 기회를 창출해야 합니다. 이는 독서, 교육, 훈련 등을 통해 이루어질 수 있습니다.

| 창의성 |

평범함 속에서도 창의성을 용기 있게 추구하라.

44

형식에 의존하지도, 그것을 어기지도 말라

"형식에 희망을 두는 것은 미신이요, 형식에 복종하지 않는 것은 오만한 일이다."

"Il est superstitieux de mettre son espoir dans les formalités, mais arrogant de refuser de s'y soumettre."

영화 〈죽은 시인의 사회〉에서 키팅 선생님은 전통적인 교육 방식을 존중하면서도, 학생들에게 창의적 사고와 자기표현의 중요성을 강조합니다. 그는 교과서와 기본 학습 규칙을 따르게 하면서도, 책상 위에 올라가 다른 관점으로 보도록 유도하고, 시를 통해 자신의 목소리를 찾게 합니다. 키팅 선생님은 균형 잡힌 사고와 틀에 얽매이지 않는 사고를 할 수 있도록 현명한 교육 방식으로 학생들을 지도합니다.

형식은 사회와 조직에서 질서를 유지하고, 원활한 소통과 협력을 가능하게 하는 중요한 요소입니다. 법률, 규칙, 절차, 예절 등 다양한 형식은 일상생활에서 지켜야 할 기준과 행동 양식을 제시합니다. 이러한 형식은 사회적 혼란을 방지하고, 공동체의 조화를 이루는 데 기여합니다.

파스칼은 형식 그 자체에 희망을 두는 것을 미신이라고 경고합니다. 이는 형식이 모든 문제를 해결해 줄 것이라는 막연한 믿음에 의존하는 것을 의미합니다. 형식은 단지 도구일 뿐 그것만으로는 진정한 변화를 불러올 수 없습니다. 예를 들어, 법률이 아무리 완벽하더라도 그것을 실행하는 사람들의 윤리적 의식과 사회적 합의가 없다면, 법률은 단지 문서에 불과합니다. 따라서 형식에 지나치게 의존하는 것은 본질을 간과하고, 문제의 근본적인 해결을 방해할 수 있습니다.

반면 형식을 완전히 무시하는 것은 오만한 일이라고 파스칼은 이야기합니다. 형식을 무시하는 것은 개인의 자의적인 판단에 의한 행동을 정당화하며, 사회적 혼란을 초래할 수 있습니다. 한 사회의 구성원으로서 살아가려면 규칙과 법률을 따르는 것은 책임이자 의무입니다. 형식을 완전히 거부하는 것은 사회 질서와 조화를 무시하는 행위로, 결국 자신의 이익만을 추구하는 오만함을 드러냅니다.

파스칼은 형식과 본질의 균형을 유지하는 것이 중요하다고 말합니다. 영화 〈죽은 시인의 사회〉에서도 키팅 선생님은 학교 수업이라는 형식은 지키되 독특한 수업 방식으로 학생들에게 공부보다 중요한 인생의 의미를 깨닫게 해줍니다. 우리는 형식을 존중하면서도, 그것이 본질을 충실히 반영하고 있는지 지속적으로 검토하고 개선해야 합니다.

| 형식 |

형식을 존중하되 맹신은 금물이다.

45

다양한 원천을 통해 신념을 가져라

"믿음에는 이성, 관습, 영감이라는
세 가지 원천이 있다."

"Il existe trois sources de croyance: la raison, la coutume, l'inspiration."

호메로스의 서사시 《오디세이아》는 그리스 신화 속 영웅 오디세우스의 모험을 다룬 작품입니다. 트로이 전쟁이 끝난 후, 오디세우스가 고향 이타카로 돌아가는 여정을 그린 이 서사시는 길고 험난한 10년간의 모험을 중심으로 전개됩니다. 여기에 이성과 관습, 영감이 조화를 이루는 모습이 잘 나타납니다. 주인공 오디세우스는 고향으로 돌아가는 여정에서 수많은 도전과 위험을 마주합니다. 그는 자신의 지혜(이성)를 활용하여 다양한 문제를 해결하고, 신들의 도움(영감)을 받으며, 그리스의 전통(관습)에 따라 행동합니다. 이 세 가지 요소가 균형을 이루며 그의 여정에 큰 도움을 줍니다.

이성은 논리적 사고와 합리적 분석을 통해 믿음을 형성하는 원천입니다. 이성은 객관적 증거와 논리를 바탕으로 신뢰할 수 있는 지식을 제공합니다. 예를 들어, 과학적 방법론을 통해 검증된 사실은 많은 사람이 믿을 수 있는 정보를 제공합니다. 이성은 복잡한 문제를 분석하고 해결하는 데 도움을 주며, 합리적이고 체계적인 사고를 통해 신뢰를 얻습니다.

관습은 사회적, 문화적 전통과 습관을 통해 믿음을 형성하는 원천입니다. 인간은 사회적 존재로서 자신이 속한 공동체의 규범과 관습을 따르며 신념을 가지게 됩니다. 예를 들어, 종교적 신앙이나 문화적 가치관은 주로 관습을 통해 전수됩니다. 이러한 관습은 오랜 시간에 걸쳐 형성되어 왔기 때문에 안정감과 소속감을 제공하며, 도덕적 가치관을 형성하는 데 중요한 역할을 합니다.

영감은 직관적 통찰이나 내면의 깨달음을 통해 믿음을 형성하는 원천입니다. 이는 논리적 증거나 사회적 관습을 넘어서는 개인적 경험과 감정에 기반한 신념입니다. 예를 들어, 예술가가 작품을 창작할 때, 종교인이 신앙을 체험할 때, 철학자가 깊은 성찰을 통해 진리를 깨달을 때 이런 영감이 중요한 역할을 합니다. 영감은 개인의 독창성과 창의력을 발휘하게 하며, 새로운 시각과 아이디어를 창출하고 다양한 가능성을 열어줍니다.

파스칼은 현대인이 자신의 신념을 형성하는 데 다양한 원천과 접근 방식을 이해하고 조화롭게 활용할 필요가 있음을 이야기합니다. 이성, 관습, 영감이라는 세 가지 원천은 각각 고유한 장점과 역할을 가지고 있으므로, 이를 균형 있게 통합할 때 더욱 풍부하고 깊이 있는 신념 체계를 구축할 수 있습니다.

| 신념 |

신념은 이성, 관습, 영감의 균형 속에서 자란다.

46

모든 것을 의심한 후에야 진리에 도달할 수 있다

"비 회의론자의 존재 사실은
회의론을 확신하게 만든다.
만약 모두가 회의론자라면,
모두가 틀린 것이다."

"Rien ne renforce plus les arguments en faveur du scepticisme que le fait qu'il existe des gens qui ne le sont pas. S'ils l'étaient tous, ils auraient tort."

크리스토퍼 놀란 감독의 영화 〈인셉션〉은 현실과 꿈의 경계를 의심하는 주인공 코브의 이야기를 다룹니다. 코브는 타인의 꿈에 들어가 생각을 훔치는 일을 합니다. 그런 그에게 꿈속에서 생각을 훔치는 것이 아니라 반대로 생각을 심는 '인셉션' 작전을 제안합니다. 그는 꿈속에서 임무를 수행하며, 현실과 꿈을 구분하기 위해 토템을 사용합니다. 그러면서 끊임없이 현재 자신이 속한 곳이 현실인지 꿈인지 의심합니다.

회의론은 알고 있는 것에 대해 끊임없이 의문을 제기하고, 확실한 지식의 가능성을 의심하는 철학적 태도입니다. 회의론은 종종 부정적으로 여겨지지만, 파스칼은 오히려 회의론이 진리를 추구하는 과정에서 중요한 역할을 한다고 이야기합니다. 파스칼은 회의론자가 아닌 사람들이 존재한다는 사실 자체가 회의론의 필요성과 타당성을 증명한다고 주장합니다. 이는 우리가 모든 것을 의심하지 않는다면, 진정한 진리와 지식에 도달할 수 없다는 점을 강조합니다.

파스칼은 또한 다양한 시각으로 세상을 바라봐야 한다고 지적합니다. 만약 모든 사람이 회의론자라면, 이는 단순한 회의론의 독단적인 신념으로 변질될 수 있습니다. 모든 사람이 같은 방식으로 생각한다면, 다양한 관점과 비판적 사고의 부재를 초래할 수 있습니다. 회의론적인 시선에서 벗어나 세상을 바라보는 사람들이 존재함으로써 우리는 다양한 시각에서 문제를 바라보고, 더 넓고 깊은 이해를 추구할 수 있습니다.

이에 더해 파스칼은 편견과 선입견을 경계하고, 지속적인 학습과 성찰의 중요성을 강조했습니다. 사람들은 자신의 믿음과 일치하는 정보만을 받아들이고, 다른 관점을 무시하려는 경향이 있습니다. 회의론적 태도는 이러한 편향을 경계하고, 조금 더 균형 잡힌 시각을 유지하게 도와줍니다. 이처럼 회의론적 태도는 알고 있는 것에 안주하지 않고, 끊임없이 새로운 지식을 탐구하게 합니다. 이는 깊은 사유와 개인의 성장과 사회적 발달에 중요한 지침이 됩니다.

파스칼은 명확한 진리로 여겨지는 것을 계속 회의하며 철학적인 탐구를 계속했습니다. 그 결과 수백 년이 지난 지금까지도 파스칼의 이론과 사상은 우리에게 많은 영향과 깊은 깨달음을 주고 있습니다.

| 회의론 |

회의론은 진리 추구의 필수 과정이다.

47

이해할 수 없다면 마음을 열어라

"이해할 수 없는 것들도 여전히 존재한다."

"Tout ce qui est incompréhensible ne cesse pas d'exister."

스티븐 호킹은 우주와 블랙홀의 신비를 연구하면서 이해할 수 없는 부분을 겸손히 인정했습니다. 그는 우주의 많은 부분이 여전히 이해할 수 없는 영역임을 받아들이며, "우주의 미스터리는 절대 끝나지 않을 것이다. 우리가 이해하는 만큼 이해하지 못하는 것도 많다."라고 말했습니다. 호킹은 이해할 수 없는 것들에 대해 마음을 열고 끊임없이 질문하고 탐구했습니다. 이는 이해할 수 없는 것들에 대해 겸손한 태도를 가져야 한다는 교훈을 줍니다.

우리는 엄청난 과학과 지식의 발전으로 많은 것을 이해하고 설명할 수 있게 되었습니다. 자연 현상, 인간의 심리, 우주의 비밀까지도 탐구하며 지식을 쌓아왔습니다. 그러나 아직 세상에는 이해할 수 없는 것이 많습니다. 우주의 기원, 죽음 이후의 세계 등은 여전히 미지의 영역입니다. 하지만 파스칼은 미지의 영역을 이해할 수 없다고 해서 그 존재 자체를 부정해서는 안 된다고 이야기합니다.

파스칼은 겸손과 열린 마음을 가져야 한다고 조언합니다. 인간의 지식과 이해에는 한계가 있으며, 모든 것을 알 수 없다는 사실을 받아들이는 것이 중요합니다. 이는 무지를 인정하고, 끊임없이 배우고 탐구하려는 자세가 필요하다는 파스칼의 주장과 부합합니다.

이는 신앙과도 깊은 관련이 있습니다. 파스칼은 신앙의 중요성을 강조한 철학자로, 인간이 이해할 수 없는 신비로운 영역에 대한 신앙을 통해 더 큰 깨달음을 얻을 수 있다고 보았습니다. 이해할 수 없는 것들이 존재한다는 사실은 초월적 경험과 신앙으로 더 깊은 진리를 탐구하게 만듭니다.

파스칼의 명언은 다음과 같은 의미를 담고 있습니다.

첫째, **겸손한 마음가짐:** 과학과 기술의 발달로 많은 것을 이해하고 있지만, 여전히 미지의 영역이 많음을 인정해야 합니다. 과학과 기술의 발전에 있어 겸손한 태도를 유지하고, 인간의 한계를 인식해야 합니다.

둘째, **심오한 인간관계의 이해:** 사람 사이의 관계에서도 완전히 이해할 수 없는 부분이 많습니다. 타인의 마음과 생각을 완전히 알 수 없다는 사실을 받아들이고, 이를 통해 더 큰 공감과 이해를 추구해야 합니다. 이는 인간관계를 더욱 깊고 의미 있게 만듭니다.

셋째, **다양성 존중:** 다른 문화와 전통에 대한 이해도 마찬가지입니다. 다른 문화를 완전히 이해할 수 없을지라도, 그것의 존재를 존중하는 자세가 필요합니다. 이는 지구촌 평화와 협력을 증진하는 데 중요한 역할을 합니다.

| 이해 |

이해할 수 없는 것들에 겸손하라.

48

변화의 바람 속에서도 나아가라

"시간의 변덕에 따라 변하는 정의는 공정하지 않을 수 있다."

"C'est une étrange justice que celle qui est réglée par le caprice du temps."

영화 〈포레스트 검프〉는 변덕스럽고 불공정한 세상에서 긍정적으로 살아가는 포레스트 검프의 이야기를 그립니다. 지능이 낮다는 이유로 차별을 받지만, 포레스트는 자신의 방식으로 삶을 받아들이고 최선을 다합니다. 그는 전쟁에서 전우를 구하고, 새우잡이 사업에서 성공하며, 사랑하는 제니와의 재회와 이별을 겪습니다. 여러 예측할 수 없는 사건 속에서도 포레스트는 항상 긍정적인 자세로 살아가며, 진정한 행복과 성공은 내면의 태도와 성실함에서 비롯된다는 것을 보여줍니다.

우리는 언제나 예측 불가한 삶을 살고 있습니다. 아무

리 철저하게 계획하고 준비해도 모든 것이 계획대로 이루어지지 않는 경우가 많습니다. 열심히 노력했지만 예상치 못한 사건이나 상황으로 인해 결과가 달라지기도 합니다. 예를 들어, 비슷한 실력과 열정을 가진 두 사람이 비슷한 시기에 비슷한 기회를 얻었을 때, 누군가는 성공하고 누군가는 실패할 수 있습니다. 우리의 노력뿐만 아니라 운과 타이밍, 외부 요인들에 의해 언제든 결과가 바뀔 수 있기 때문입니다.

파스칼은 이러한 상황에서도 좌절하지 말고 불확실성을 받아들이는 것이 중요하다고 이야기합니다. 시간의 변덕에 따라 결정되는 정의는 우리가 통제할 수 없는 요소들이 많습니다. 이러한 실패와 경험을 계속 쌓아가다 보면 모든 상황을 자신이 통제할 수 없다는 사실을 깨닫고, 겸손한 마음가짐을 가질 수 있게 됩니다. 이는 다른 사람을 판단하거나 경시하는 것을 방지하고, 타인의 상황과 어려움을 이해하는 데 도움이 됩니다.

또한, 시간의 변덕 속에서도 〈포레스트 검프〉의 포레스트처럼 계속해서 노력하고 기다리는 법을 배워야 합니다. 실패나 좌절은 일시적인 것이며, 꾸준히 노력하다 보면 언젠가 기회가 올 수 있다는 믿음을 가지는 것이 중요합니다. 이는 우리의 정신적 회복력과 지속적인 성장을 도모하며, 더 나아가 우리가 얻은 작은 성공이나 행복도 시간의 변덕에 따라 소중한 결과임을 깨닫게 됩니다. 이는 지금 이 순간을 소중히 여기고, 작은 것에 감사하는 마음을 가지는 데 도움을 줍니다. 현재에 집중하며, 일상의 소소한 기쁨을 즐기는 것이야말로 행복한 삶을 살아가는 비결이 될 수 있습니다.

시간의 변덕은 우리의 삶에서 불가피한 요소입니다. 파스칼의 말에 따라 우리는 불확실성과 불공정성을 받아들이고, 그 안에서 최선을 다하는 자세가 필요합니다.

| 나아감 |

시간의 변덕 속에서도, 인생은 여전히 아름답다.

49

어린 시절의 순수함을 잊어서는 안 된다

"지혜는 어린 시절로의 회귀다."

"La sagesse est un retour à l'enfance."

파울로 코엘료의 소설 《연금술사》에서 주인공 산티아고는 어린 시절부터 꿈꾸던 보물을 찾기 위해 모험을 떠납니다. 그는 탕헤르에서 도둑을 만나고, 크리스털 가게에서 일하며 돈을 모으는 등 많은 어려움을 겪습니다. 사막을 횡단하며 연금술사를 만나 자기 내면의 소리를 듣고 꿈을 따르는 방법을 배웁니다. 결국 피라미드 근처에서 보물을 찾지 못하지만, 고향 안달루시아에서 진정한 보물을 발견합니다. 산티아고의 여정은 순수한 꿈을 잃지 않는 것이 진정한 지혜와 성공으로 이어짐을 보여줍니다.

파스칼은 진정한 지혜가 어린 시절의 순수함과 단순함으

로 돌아가는 것임을 강조합니다. 어린 시절의 순수함, 호기심, 단순함, 무조건적인 사랑과 용서, 현재에 집중하는 태도는 우리가 잃어버린 지혜의 핵심 요소들입니다.

어린아이들은 세상에 대한 편견이나 선입견 없이 세상을 있는 그대로 받아들입니다. 아이들의 호기심과 순수함은 그 자체로 훌륭한 학습이자 세상을 이해하는 데 기초가 됩니다. 어린 시절로의 회귀는 우리가 살아가면서 자기도 모르게 쌓아온 편견과 고정관념, 아집을 버리고 세상을 새로운 시각으로 바라보는 능력을 회복하는 것을 의미합니다.

우리는 어린 시절을 되돌아보며 아이들에게 다음과 같은 것을 배울 필요가 있습니다.

첫째, 어린아이들은 끊임없이 질문하고 배우며, 세상에 대해 탐구하는 태도를 가지고 있습니다. 이러한 호기심은 다양한 지식과 지혜를 쌓는 데 중요한 역할을 합니다. 어른이 되어 바쁜 일상과 일에 치이다 보면 호기심을 잃어버리기 쉽습니다. 지혜로운 삶을 위해서는 끊임없이 배우고, 새로운 것을 탐구하는 태도가 필요합니다.
둘째, 아이들은 단순한 것에서 기쁨을 찾고, 작은 일에도 만족을 느낍니다. 아이들은 물질적 소유나 복잡한 관계보다 순간순간의 행복과 즐거움을 중요시합니다. 현대사회에서는 물질적 성공과 복잡한 인간관계가 삶을 지배하지만, 진정한 지혜는 단순한 것에서 만족을 찾는 능력에서 나옵니다. 어린 시절의 작은 기쁨과 행복을 기억하고 작은 일에도 행복을 찾는 법을 배워야 합니다.

셋째, 아이들은 쉽게 사랑하고, 쉽게 용서합니다. 아이들은 감정에 솔직하고, 감정을 숨기지 않습니다. 어른이 되면 자연스럽게 감정 표현을 억제하고, 감정을 숨기는 경우가 많아집니다. 때로는 아이들처럼 솔직하게 사랑과 용서를 표현하고 실천해야 할 필요가 있습니다.

넷째, 아이들은 과거나 미래보다 현재에 집중합니다. 아이들은 지금 이 순간을 즐기고, 순간의 경험에 몰두합니다. 우리는 때로 과거의 후회나 미래의 걱정에 사로잡혀 현재를 놓치는 경우가 많습니다. 아이들의 현재 중심적 태도를 보고 배우는 것이 필요합니다.

| 동심 |

현재의 나로서 어린 시절의 순수함과 용기를 찾아라.

50

용기와 지혜를 가지고 진실을 알려야 한다

"진실을 말하는 것은 듣는 이에게는 유익하지만, 말하는 이에게는 미움을 살 수 있어 불리하다."

"Dire la vérité est utile à ceux à qui on la dit,
mais désavantageux à ceux qui la disent, car cela leur fait détester."

조지 오웰의 소설 《1984》는 진실을 말하는 것이 얼마나 위험한지를 강렬하게 묘사합니다. 주인공 윈스턴 스미스는 독재자의 감시 아래 진실을 왜곡하는 정부에 맞서 싸우려 합니다. 그는 진실을 기록하고, 당의 선전을 거부하며, 억압적인 사회에 맞서 자신의 신념을 지키고자 합니다. 그러나 결국 그는 체포되어 고문과 세뇌를 겪으며, 자신의 신념을 배반하게 됩니다. 윈스턴은 끝내 자신이 믿었던 진실을 부정하고, "빅 브라더"를 사랑하게 되며, 과거 진실을 말했던 용기의 대가로 극심한 고통을 경험합니다.

진실은 항상 중요한 가치를 지니고 있습니다. 진실은 상황을 명확하게 하고, 올바른 결정을 내리는 데 꼭 필요합니다. 예를 들어, 본인은 잘 알지 못하는 나쁜 버릇이나 습관을 솔직하게 이야기해 주는 친구와의 대화나 직장 생활에서의 피드백 등은 개인의 성장과 발전에 큰 도움이 됩니다. 진실을 듣는 사람들은 자기 잘못을 인식하고 개선할 수 있으며, 상황을 파악하여 올바른 판단을 할 수 있습니다.

하지만 진실을 말하는 것은 쉬운 일이 아닙니다. 진실은 때때로 불편하고, 듣는 사람에게 상처를 줄 수 있습니다. 진실을 말하는 사람은 잘못하면 반발과 비난, 심지어는 혐오의 대상이 되기도 합니다. 이는 사람들이 진실보다는 달콤한 거짓이나 위안을 더 선호하기 때문입니다. 직장에서 부정행위를 고발하는 내부 고발자는 조직 내에서 불이익을 당하거나 고립을 당할 수 있습니다. 또 사회적 이슈에 대해 진실을 이야기하는 활동가나 언론인들은 종종 비난과 협박을 받기도 합니다. 하지만 이들이 진실을 밝히고자 하는 용기 있는 행동은 조직의 윤리성을 높이고, 사회의 투명성과 정의를 실현하는 데 크게 기여합니다.

파스칼은 진실을 말하는 용기와 함께 지혜를 갖추라고 말합니다. 진실을 말할 때는 상황과 상대방의 감정을 고려해야 하며, 어떻게 말할지에 대한 신중한 접근이 필요합니다. 진실을 전달하는 방법에 따라 그 결과가 크게 달라질 수 있습니다. 솔직하면서도 상대방을 배려하는 방식으로 진실을 전달하는 것은 갈등을 최소화하고, 긍정적인 변화를 이끌어낼 수 있습니다.

진실을 이야기하는 것은 매우 가치 있는 일입니다. 우리는 때때로 진실을 말하기 위해 용기 있게 나설 필요가 있습니다.

| 진실 |

진실은 불편해도 필수다.

51

긍정적이고 건설적인 소통을 하라

**"모든 사람이 서로에 대해 말하는 것을 알게 된다면,
진정한 친구는 거의 남지 않을 것이다."**

"J'ai posé comme un fait que si tous les hommes savaient ce que chacun dit des autres,
il n'y aurait pas quatre amis dans le monde."

프랜시스 스콧 피츠제럴드의 소설 《위대한 개츠비》는 인간 본성과 사회적 관계의 복잡성을 매혹적으로 그려낸 소설입니다. 주인공 제이 개츠비는 과거의 사랑을 되찾기 위해 부와 명성을 쌓고, 사치스러운 파티를 열며 데이지 뷰캐넌을 다시 얻으려 하지만, 그녀는 이미 남편 톰과 결혼한 상태입니다. 이들의 관계는 표면적으로 안정적이지만, 내면에는 갈등과 불안이 숨어 있습니다. 이야기를 지켜보는 닉 캐러웨이는 개츠비의 순수한 사랑과 그로 인한 파멸을 통해 인간 본성의 복잡함과 사랑의 비극을 깊이 깨닫게 됩니다. 결국 개츠비의 꿈은 허상에 불과하며 비극적으로 끝납니다. 이 작품은 인간의 욕망, 사랑, 우정, 그리고 사회적 관계가 얼마나 복잡하고 때

로는 허무한지를 잘 보여줍니다.

파스칼은 인간관계의 복잡성과 그 이면에 숨겨진 진실을 직시하라고 말합니다. 소설 《위대한 개츠비》에서 개츠비의 삶은 진실과 거짓, 사랑과 배신이 얽혀 있습니다. 이는 파스칼의 인간관계에 대한 통찰과 그 이면에 숨겨진 진실을 직시하라는 말을 다시 한번 생각하게 합니다. 모든 사람은 다른 사람에 대한 다양한 생각과 감정, 의견을 가지고 있으며, 때로는 이러한 생각들이 솔직하지 못하거나 부정적일 수 있습니다. 친구나 동료에 대해 말하는 모든 것을 상대방이 알게 된다면, 오해와 갈등이 생기기 쉽고, 이는 결국 인간관계의 파탄으로 이어질 수 있습니다.

파스칼은 소통의 중요성을 강조했습니다. 건강한 대인관계를 유지하기 위해서는 솔직하고 신뢰할 수 있는 소통이 필요합니다. 상대방의 좋은 점만 보고 언제나 좋게만 생각할 수는 없겠지만, 상대방에 대한 부정적인 감정이나 단점을 직접적으로 표현하기보다는 건설적이고 긍정적인 방법으로 소통하는 것이 중요합니다. 예를 들어, 친구나 동료와 갈등이 발생했을 때 상대방에게 부정적인 감정을 마음껏 내뱉고 상처 주는 말을 하는 것보다는, 상대방의 상황과 마음을 헤아려보고 서로의 입장을 존중하려고 하는 태도가 갈등을 해결하는 데 도움을 줍니다.

우리는 다양한 배경과 가치관을 가진 사람들과 함께 살아가고 있습니다. 이러한 환경에서는 서로에 대한 관용과 이해가 필수입니다. 파스칼은 다른 사람의 말과 행동을 판단하기 전에, 그들의 입장을 이해하고, 관용을 베풀 필요가 있음을 강조합니다. 또 인간 본성의 복잡성과 사회적 관계의 취약성을 깊이 있게 관찰하여, 긍정적이고 건설적인 소통과 자기성찰을 통한 도덕적 책임감의 중요성을 이야기합니다. 우리는 파스칼의 이러한 이야기를 깊이 새겨 관용과 이해를 바탕으로 건강한 인간관계를 형성하도록 노력해야 합니다.

| 소통 |

비판보다는 긍정적인 소통이 중요하다.

52

우리는 자신을 위장한다

"우리는 거짓, 이중성, 모순일 뿐이며, 우리 자신을 숨기고 위장한다."

"Nous ne sommes que mensonges, duplicité, contradiction, et nous nous cachons et nous déguisons."

로버트 루이스 스티븐슨의 소설《지킬 박사와 하이드》는 사회적으로 명망 있는 선량한 지킬 박사의 내면에 향락을 추구하는 사악한 하이드가 존재한다는 내용으로 인간의 양면성을 잘 그려냈다는 평가를 받고 있습니다. 지킬 박사는 사회적으로 존경받는 인물이지만, 내면에는 어두운 욕망을 품고 있습니다. 이 어둡고 사악한 욕망은 하이드라는 또 다른 인격을 통해서만 모습을 드러냅니다. 사회적 존경과 훌륭한 인격을 갖춘 지킬 박사와 어둡고 사악한 욕망의 집합체인 하이드, 결국 두 인격이 충돌하면서 이야기는 비극을 맞이합니다. 이 작품은 인간의 이중성과 모순을 잘 보여 주는 작품입니다.

파스칼은 인간이 거짓과 이중성을 가지고 있다고 이야기합니다. 이는 진실을 숨기고 사회적 기대나 타인의 시선에 맞추기 위해 자신을 꾸미고 포장하는 경향을 의미합니다. 예를 들어, 직장이나 학교에서의 모습과 개인 생활에서의 모습이 다를 수 있으며, 소셜 미디어에서 보여 주는 모습과 실제 삶이 다를 수 있습니다. 이런 이중성은 자신을 보호하려는 본능적인 행동일 수도 있지만, 결국에는 내면의 갈등과 모순을 일으킬 수 있습니다.

파스칼은 인간이 서로 상충하는 감정과 생각으로 살아가는 모순적 존재임을 강조합니다. 자유를 갈망하면서도 동시에 안정성을 추구하는 점 등은 흔히 볼 수 있는 인간의 모습이라고 할 수 있습니다. 사람들은 단점이나 약한 모습을 숨기고 다른 사람들에게 완벽한 모습만 보여 주려고 합니다.

우리는 때때로 거짓과 이중성 속에 자신을 숨기고 살아갑니다. 자신의 진정한 모습을 인정하고, 거짓과 이중성에서 벗어나려는 다음과 같은 노력이 필요합니다.

첫째, **자기 인식:** 자신을 제대로 인식하고, 자신의 감정과 생각을 정직하게 받아들이는 것이 중요합니다. 이를 통해 자신의 진정한 모습을 이해하고, 타인에게도 솔직해질 수 있습니다.

둘째, **자기 진실:** 타인과의 관계에서 진실성을 유지하는 것이 중요합니다. 거짓이나 이중성을 피하고, 솔직하게 소통함으로써 더 건강하고 신뢰할 수 있는 관계를 형성할 수 있습니다.

셋째, **자기 수용:** 자신의 모순과 약점을 받아들이고, 이를 통해 성장하는 것이 중요합니다. 자기 수용은 개인의 정신적 건강과 행복을 위한 중요한 요소입니다.

| 위장 |

거짓과 이중성을 버리고 진정한 자신을 인정하라.

인간 불행의 대부분은

혼자 있지 못하는 데서 왔다

PART 4

인간의 마음에는 타인이 알지 못하는 이유가 있다

53

자존감은 과시로 형성되는 것이 아니다

"사람들이 당신을 좋게 생각하길 원한다면,
스스로에 대해 좋은 말을 하지 마라."

"Si vous voulez que les gens pensent du bien de vous, ne parlez pas en bien de vous-même."

스페인 작가 미겔 데 세르반테스의 소설 《돈 키호테》에서 주인공 돈 키호테는 외적 과시보다는 자신의 내면의 이상과 가치에 따라 행동하는 인물입니다. 돈 키호테는 기사의 이상을 추구하며, 외부의 인정보다는 자신의 신념과 가치를 따릅니다. 그는 세상의 조롱과 비웃음을 받으면서도, 자신의 이상을 지키며 모험을 떠납니다. 이러한 그의 행동은 자존감이 외적 과시가 아닌 내면의 진정한 가치에서 비롯됨을 보여 줍니다.

우리는 거리낌 없이 자신을 공개하고 스스로를 산업적 가치로 활용하며 재화를 충족하는 1인 미디어 시대에 살고 있습니다. 이는 디지털 시대에 다양한 직업 창출과 맞물려 이 세계의 변화를 이끌어내고 있습니다. 예를 들어, 개성 넘치는 매력과 창의적인 아이디어로 유명 인플루언서가 되면 많은 부를 축적할 수 있습니다. 이는 분명 긍정적인 효과로 세계적인 흐름이라고 할 수 있습니다. 다만 모든 일에는 긍정적인 부분이 있다면 부정적인 면도 존재한다는 사실을 간과해서는 안 됩니다. 종종 우리는 SNS를 통해 은근슬쩍 자신의 부를 과시하거나 성공담을 미끼로 자신의 위신을 추켜세우고 싶어 하는 사람들을 볼 수 있습니다. 여기에서 우리는 파스칼의 말을 떠올려볼 필요가 있습니다.

파스칼은 자신을 과시하는 태도는 오히려 부정적인 인상을 줄 수 있음을 지적하며, 겸손의 중요성을 강조합니다. 겸손한 태도는 자신을 낮추는 것이 아니라 다른 사람에게 존경과 신뢰를 얻는 방법입니다.

사람들은 진정성을 중요하게 생각합니다. 진정성은 거짓 없이 자신의 본모습을 보여 주는 것을 의미합니다. 자신을 과시하거나 긍정적인 면만 부각시키려는 사람은 자칫 진정성이 없어 보이거나 자신감이 없어 보일 수 있습니다. 돈 키호테처럼 자존감은 외부의 시선과 사회적 기준에 기대지 않고, 자신의 신념과 내면의 가치를 추구할 때 비로소 올바르게 형성됩니다. 또한 진정한 자신감은 자신을 억지로 자랑하지 않으며, 자기 행동과 성과로 스스로를 증명합니다.

파스칼에 따르면 인간관계에서 신뢰를 형성하는 것은 매우 중요합니다. 특히나 요즘 같은 디지털 시대에 타인에게 신뢰를 쌓고 믿음을 주는 것은 무엇보다도 꼭 필요한 부분입니다. 파스칼은 타인과의 관계에서 신뢰를 형성하려면, 자신을 드러내고 과시하기보다는 타인의 말을 경청하고 존중하는 태도가 필요하다고 이야기합니다. 자존감과 겸손의 균형을 맞춰야 합니다.

| 진정성 |

자신을 드러내기보다 진정한 가치를 드러내라.

54

호기심은 위험하기도 하나 그것을 잃어서는 안 된다

"인간의 가장 큰 문제는
이해할 수 없는 것에 대한 과도한 호기심이지만,
그 호기심이 반드시 나쁜 것은 아니다."

"Car la principale maladie de l'homme est une curiosité inquiète pour des choses qu'il ne peut pas comprendre ; et ce n'est pas si mal pour lui de se tromper au point d'être curieux inutilement."

영화 〈인터스텔라〉는 호기심이 인간 성장의 원초적 본능임을 잘 보여줍니다. 주인공 쿠퍼는 은퇴한 우주비행사로, 지구의 자원이 고갈된 상황에서 NASA의 비밀 연구소를 발견하고 새로운 거주 가능한 행성을 찾기 위해 우주 탐험에 나섭니다. 그의 호기심은 그를 블랙홀, 시간의 상대성 이론 등 놀라운 발견으로 이끌며, 이는 인류의 생존과 발전에 기여합니다. 쿠퍼는 딸 머피와의 교감을 통해 중력 방정식을 전달하여 인류가 새로운 미래를 열 수 있게 합니다. 이 영화는 호기심이 인간 존재의 의미와 우주에 대한 이해를 확장하는 중요한 원동력임을 강조합니다.

파스칼은 인간의 본성 중 하나로 호기심을 꼽으며, 호기심이 인간을 발전시키고 새로운 지식과 기술을 발견해 또 하나의 지평을 열게 하는 원동력이지만, 동시에 이해할 수 없는 것들에 대한 불필요한 집착을 가져와 혼란을 초래할 수 있다는 사실을 지적합니다. 특히 도무지 알 수 없는 것들에 대한 호기심은 한계를 시험하고, 실망과 좌절을 가져올 수 있습니다. 파스칼은 호기심이 인간의 가장 큰 '질병'이라고 표현하기도 했습니다. 다만 이 표현은 단순히 부정적인 의미로만 해석할 수 있는 것은 아닙니다.

파스칼은 호기심으로 인해 저지르는 실수는 나쁘지만은 않다고 이야기합니다. 이 실수가 학습과 성장의 중요한 부분이 될 수 있음을 의미한 것입니다. 실패는 성장의 어머니라고 했습니다. 실제로는 실패하고 실수함으로써 배우고 성장할 수 있습니다. 호기심을 통해 새로운 도전을 시도하고, 그 과정에서 실수와 실패를 경험하면서 더 나은 방향으로 나아갈 수 있습니다.

따라서 우리는 호기심을 긍정적인 방향으로 활용할 수 있어야 합니다. 단순히 새로운 정보 습득을 넘어, 목적과 의미를 가지고 지식을 추구해야 합니다. 또한 정보와 지식에 대한 호기심을 조절하고, 이해할 수 없는 것에 대한 과도한 집착보다는 현재 할 수 있는 일에 집중하며 그 안에서 의미를 찾는 것이 중요합니다. 영화 〈인터스텔라〉처럼 호기심은 인류의 발전에 엄청난 영향을 줄 수도 있습니다.

파스칼은 인간의 한계를 인정하면서도, 그 안에서 인간이 가진 호기심이 무의미하지 않다는 것을 강조합니다. 우리는 호기심을 통해 성장하고 발전하는 방법을 탐구해야 합니다.

| 호기심 |

호기심은 인간 성장의 원초적 본능이다.

55

참된 종교는 인생을 가르친다

"참된 종교는 위대함과 비참함을 가르쳐야 하고, 자존감과 자기 경멸, 사랑과 증오를 불러일으켜야 한다."

"La vraie religion devrait enseigner la grandeur et la misère, inspirer l'estime de soi et le mépris de soi, l'amour et la haine."

레프 톨스토이의 소설《안나 카레니나》는 19세기 러시아를 배경으로 한 사회적, 심리적 드라마로서 여러 등장인물의 삶을 통해 종교적 신념과 인간의 복잡한 감정이 얽혀 있는 상황을 잘 그려냈습니다. 특히 주인공 콘스탄틴 레빈은 신앙을 통해 인생의 의미를 찾고자 합니다. 그는 종교를 통해 삶의 위대함과 비참함을 깨닫고, 자신의 부족함과 가능성을 동시에 인식하게 됩니다. 레빈의 여정은 참된 종교가 인생의 복잡성을 이해하고 받아들이는 데 중요한 역할을 한다는 것을 보여줍니다.

종교는 인간의 존재 의미와 목적을 탐구하고, 윤리적 가치와 행동 지침을 제공하며 많은 사람에게 중요한 역할을 합니다. 파스칼은 종교가 단순히 긍정적 가치만을 강조하는 것이 아니라, 인간의 이중성과 갈등을 이해하고 다루어야 한다고 이야기했습니다.

즉, 파스칼은 종교가 인간에게 위대함과 비참함을 가르쳐야 한다고 말합니다. 인간은 위대한 가능성을 지니고 있지만, 그와 동시에 자신의 한계와 비참함도 인식해야 한다는 뜻을 담고 있습니다. 참된 종교는 자존감을 높이고, 개인의 약점과 부족함을 인식하게끔 하여 성장할 기회를 제공해야 합니다.

또한, 파스칼은 종교가 자존감과 경멸을 동시에 일으켜야 한다고 말합니다. 이 역시 자기 스스로를 사랑하면서 자존감을 높이고, 한편으로는 교만함과 자기만족을 경계하고 겸손과 자기반성을 촉구해야 한다는 의미를 담고 있습니다. 우리는 자기 자신을 사랑하는 것의 중요성을 깨달아야 함과 동시에 이기심을 버리고 스스로를 과시하지 않도록 조심해야 합니다.

마지막으로 파스칼은 종교가 사랑과 증오를 불러일으켜야 한다고 말합니다. 종교는 사랑을 통해 타인을 이해하고 배려하며, 인간적인 관계를 형성할 수 있도록 격려해야 합니다. 반면 증오를 통해 악과 악행을 경계하며, 불공평과 부당함에 대항할 수 있어야 합니다.

참된 종교는 위대함과 비참함을 이해하고, 자존감과 겸손을 증진하며, 사랑과 증오를 현명하게 다루는 데 도움을 줄 수 있습니다. 또한 인간 존재의 의미와 목적을 탐구하고, 자아를 수립하며, 타인과 조화롭게 지내는 데 필요한 도움을 줄 수 있습니다. 믿음이란 삶의 강력한 원동력이 될 수 있습니다.

| 믿음 |

종교는 인간의 이중성을 이해하고 다루어야 한다.

56

일단 시작하고
지속적으로 앞으로 나아가라

"작업을 마칠 때 비로소
시작할 때 무엇을 해야 했는지 알게 된다."

"Ultimul lucru pe care-l aflăm când alcătuim o lucrare este cu ce ar fi trebuit să începem."

J. K. 롤링의 작품 《해리 포터》 시리즈에서 해리 포터와 그의 친구들은 끊임없이 예상치 못한 도전과 변화를 마주합니다. 그들은 처음부터 완벽한 계획을 세우려고 하지만, 상황이 변할 때마다 새로운 정보를 배우고 계획을 수정합니다. 특히 《해리 포터와 죽음의 성물》에서 해리, 론, 그리고 헤르미온느는 계획대로 일을 진행할 수 없을 때마다 신속히 계획을 바꾸어 대응하고, 그들의 실수와 경험을 통해 최종 목표를 달성합니다.

많은 경우에 어떤 일을 시작할 때 완벽한 계획을 세우려고 하지만, 실제로 그 일을 마무리할 때까지 하고자 하는 일의 본질을 이해하지 못하는 경우도 있습니다. 파스칼은 무엇을 먼저 시작해야 하는지 알기 위해서는 일을 시작해서 끝낼 때까지 지속적으로 배워야 한다고 이야기합니다. 이는 우리가 계획을 세우고 실행하는 과정에서 지속적인 학습과 수정이 필요하다는 것을 의미합니다.

빠르게 변화하는 환경에서 우리는 많은 도전과 기회를 마주하게 됩니다. 특히 어떤 일을 시작할 때 큰 포부와 계획을 세우고 호기롭게 도전하지만, 언제나 계획대로 되는 경우는 극히 드뭅니다. 중요한 것은 계획대로 되지 않는다고 해서 좌절하거나 포기하는 것이 아니라, 그 과정에서 실패와 오류를 배우고, 거기서 얻은 배움과 정보, 지식을 다음 단계에 적용하는 것입니다. 예를 들어, 새로운 비즈니스를 시작할 때 초기 계획은 훌륭해 보일 수 있지만, 실제 실행 과정에서 문제가 발생할 수 있습니다. 이때 중요한 것은 문제점을 인식하고 조정하여, 지속적으로 발전해 나가는 것입니다.

파스칼은 또한 창의성과 혁신을 장려합니다. 혁신적인 기술 발전이나 사회적 변화는 늘 계속되는 도전에서 나오는 것입니다. 새로운 도전에 완벽한 준비란 없습니다. 실제로 시작해 보기 전까지 우리가 직면할 문제에 대해 완벽히 예측할 수 없습니다. 도전하고 실패하고 좌절하면서 배우다 보면 창의적인 문제 해결 방법을 찾아갈 수 있습니다.

목표를 세우면 일단 시작하고, 그 과정에서 계속 처음을 되돌아보며 목적지를 잃지 않고, 조금 헤매더라도 발전하는 것을 두려워하지 않는 것이 중요합니다. 목표를 향해 가는 동안 길을 잃지 않기 위해서는 초심을 잃지 않는 것이 중요합니다.

| 지속성 |

실패와 오류를 통해 성장하는 것이 진정한 혁신의 시작이다.

57

삶의 모든 면을 살펴보아야 한다

"모든 행동에서 우리는 그 행동의 과거, 현재, 미래와 다른 사람들에게 미치는 영향을 고려해야 한다."

"Dans chaque action, nous devons regarder au-delà de l'action, vers notre état passé, présent et futur, ainsi que vers les autres personnes qu'il affecte, et voir les relations entre toutes ces choses."

영화 〈빅 쇼트〉는 2008년 금융 위기의 원인과 그 결과를 다루며, 몇 명의 투자자들이 금융 시장의 붕괴를 예측하고 이에 대응하는 과정을 그립니다. 영화 속 인물들은 서브프라임 모기지 시장의 문제점을 발견하고, 이에 따라 행동을 계획합니다. 이들은 처음에는 금융 시장의 붕괴 가능성을 거의 인식하지 못했지만, 점차 그 심각성을 깨닫고 그에 맞춰 전략을 세웁니다. 그들의 예측이 현실로 다가오자, 초기의 선택과 결정이 현재와 미래에 어떤 영향을 미치는지 깨닫게 됩니다. 이 과정에서 그들은 금융 시스템의 복잡성과 상호 의존성을 배우며, 자신의 행동이 시장에 미칠 파급 효과를 인식하게 됩니다. 이 영화는 금융 시장의 내부 구조와 그 불안정성을 폭로하며, 개인의 행동이 경제 전체에 미치는 영향을 잘 그려내고 있습니다.

파스칼은 단순히 행동의 결과나 순간적인 영향만을 고려하는 것이 아니라, 그 행동이 우리의 과거, 현재, 미래에 어떤 영향을 미치는지 심층적으로 이해해야 한다고 이야기합니다. 과거의 경험과 배움을 통해 현재 선택의 근거로 삼고, 그 선택이 미래에 어떤 결과를 초래할지 고려해야 합니다.

또한, 파스칼은 개인의 행동이 타인에게 어떤 영향을 미치는지를 중요하게 생각해야 한다고 이야기합니다. 우리는 매일 다양한 행동을 하고 어떤 결정을 내리며 살아갑니다. 이러한 개인의 선택은 주변 사람들에게도 영향을 미칩니다. 따라서 자기의 행동이 타인에게 어떤 결과나 영향을 미치는지 고려하고, 그들의 입장에서 생각해 보는 습관을 지녀야 합니다. 사회적 책임과 상호 의존성을 인식하는 것은 사회에서 굉장히 중요한 가치입니다.

삶은 복잡하게 얽혀 있습니다. 단순한 개인적 행동의 결과를 넘어서, 사회적, 경제적, 정치적 구조에 어떤 영향을 미치는지 파악해야 합니다. 파스칼은 개인적이고 짧은 시간적 효과를 넘어 장기적인 사회적 결과를 고려해야 한다고 이야기합니다. 기업의 리더나 정치인들은 단기적 이익보다는 장기적인 사회적 책임을 고려해야 하며, 개인은 개인적 선택이 사회에 미치는 영향을 생각해야 합니다. 우리는 지속 가능한 의미 있는 사회를 구축하기 위해 파스칼의 말에 담긴 의미를 깊이 있게 생각해 봐야 합니다.

| 영향 |

행동의 결과를 넘어서, 과거와 미래의 깊은 영향을 고려하라.

58

친구라는 존재의 가치를 잊어서는 안 된다

"진정한 친구는 없는 자리에서도 지지하므로, 군주에게 큰 이익이 된다. 군주는 이런 친구를 얻기 위해 노력해야 한다."

"Un véritable ami est un si grand avantage, même pour les plus grands seigneurs, pour pouvoir parler en bien d'eux et les soutenir en leur absence, qu'ils doivent tout faire pour en avoir un."

제인 오스틴의 소설 《오만과 편견》에서 엘리자베스 베넷과 샬롯 루카스의 우정은 진정한 친구의 가치를 잘 보여줍니다. 샬롯은 현실적인 이유로 미스터 콜린스와 결혼을 결심하지만, 엘리자베스는 처음에 이를 이해하지 못합니다. 그러나 곧 친구의 선택을 존중하게 됩니다. 샬롯 또한 엘리자베스의 독립적 성격을 인정합니다. 엘리자베스는 샬롯의 결혼 생활을 지켜보며 자신의 선입견을 재고하게 되고, 이는 두 사람의 우정을 더욱 깊어지게 만듭니다. 이들의 상호 신뢰와 지지는 진정한 친구가 심리적 안정과 사회적 적응에 중요한 역할을 한다는 것을 잘 보여줍니다.

파스칼은 진정한 친구가 얼마나 큰 가치를 지닌 존재인지 강조합니다. 진정한 친구는 단순히 사교적인 연결을 넘어서 상호 간의 신뢰와 지지를 의미하며, 심리적 안정과 사회적 적응에 중요한 역할을 합니다. 파스칼이 말한 것처럼 진정한 친구는 내가 없는 자리에서도 나를 지지해 주고, 나에 대해 좋은 이야기를 해주는 사람입니다. 또한 어려울 때 힘이 되어 주고, 성공을 진심으로 축하해 주며, 나를 알아봐 주고 응원해 주는 존재입니다.《오만과 편견》의 엘리자베스와 샬롯처럼 자신의 가치와 신념에도 영향을 주는 친구는 인생에서 굉장히 중요한 존재라고 할 수 있습니다.

파스칼은 진정한 친구를 얻기 위해서는 노력해야 한다고 이야기합니다. 이는 다른 사람을 공정하고 도덕적으로 대우하며, 서로에게 신뢰를 보여 주어야 한다는 의미를 담고 있습니다. 우리는 인터넷과 소셜 미디어를 통해 마음만 먹으면 전 세계의 다양한 사람과 쉽게 소통하고 관계를 맺을 수 있습니다. 그러나 진정한 친구관계는 이런 손쉽게 맺어지는 관계가 아닌 상당한 노력과 시간을 들여 신뢰를 쌓고 진심을 전하며 발전된 관계라고 할 수 있습니다.

진정한 친구는 우리 삶에 깊이 파고들어 어려운 시기를 극복하고 더 나은 사람으로 성장할 수 있도록 지지해 주고 신뢰를 주는 존재입니다. 간혹 우리는 자신의 갑작스러운 성공에 취해 곁에서 힘을 주었던 친구의 존재를 잊거나 그들을 가볍게 여기는 경우가 있습니다. 그렇게 행동했던 사람들 대부분은 자신의 곁을 떠나간 친구들을 그리워하거나 후회하며 시간을 되돌리고 싶어 합니다. 우리가 어려울 때 진심으로 응원해 주고 신뢰를 보내준 친구를 우리는 무엇보다 소중하게 여길 줄 알아야 합니다. 친구는 무엇과도 바꿀 수 없는 우리의 가장 큰 자산이자 우리의 삶에 꼭 필요한 존재입니다.

| 친구 |

친구는 신뢰와 지지를 통해 서로의 성장을 촉진한다.

59

인간은 자존심을 통해 고난을 극복한다

"인간은 자존심을 통해 고난을 이겨내며, 이는 자존심이 정신적 보호막이기 때문이다."

"L'orgueil contrebalance toutes ces misères; l'homme les cache ou les affiche, et se glorifie d'en avoir conscience."

스티브 잡스는 애플에서 쫓겨난 후에도 자존심을 잃지 않고 넥스트와 픽사를 설립하여 성공을 거두었습니다. 넥스트는 비록 상업적으로 큰 성과를 내지 못했지만, 이후에 애플에 인수되어 맥OS의 기초가 되었습니다. 픽사는 잡스의 지휘 아래 〈토이 스토리〉를 포함한 여러 애니메이션을 제작하며 세계적인 성공을 거두었습니다. 결국 잡스는 부도 위기에 처한 애플로 복귀하여 아이맥, 아이폰, 아이패드 등을 출시하며 회사를 다시 세계적인 기업으로 성장시켰습니다.

파스칼은 자존심으로 고난을 극복할 수 있다고 이야기합니다. 자존심이 강한 사람은 자신을 긍정적으로 바라볼 수 있으며, 이는 고난에 직면했을 때 포기하지 않고 더 나은 해결책을 찾는 데 도움을 줍니다. 자존심으로 내면의 강인함은 더 강해질 수 있으며, 이를 통해 우리는 삶의 어려움을 더 잘 이겨낼 수 있습니다.

우리의 삶은 고난의 연속입니다. 좌절과 실패는 늘 우리 곁을 맴돌고 있으며, 이러한 어려움을 극복하고 행복과 기쁨을 성취하며 성장합니다. 파스칼은 인간이 고난을 의식하고 있다는 사실 자체에 자부심을 느낀다고 말합니다. 이는 자기 인식을 통해 얻는 긍정적인 감정을 나타냅니다. 자신이 겪는 고난을 인식하고 이를 극복하는 능력은 자부심으로 이어지며, 이는 개인이 자신을 더 강하고 가치 있는 존재로 느끼게 합니다. 이러한 자부심은 현대인들이 직면하는 다양한 도전과 스트레스를 극복하는 데 중요한 원동력이 됩니다.

사회생활을 하다 보면 자기 자신이 깎이는 일도 분명히 있을 것입니다. 하지만 우리는 이러한 고난에 굴복하지 않고 자존심을 지키려고 노력해야 합니다. 고난을 극복하면 우리는 더 큰 성공을 얻을 수 있습니다. 애플에서 쫓겨났지만, 자존심으로 버티며 넥스트와 픽사를 성공적으로 이끌고, 결국 애플로 돌아와 회사를 다시 일으킨 스티브 잡스처럼 말입니다.

고난을 숨기거나 드러내는 방식은 개인의 선택이지만, 중요한 것은 이러한 고난을 인식하고 이를 극복하는 과정에서 자부심을 느끼고, 이를 통해 우리는 또 한 걸음 나아갈 수 있다는 것입니다.

| 자존감 |

자존감은 인간 자아실현의 필수 요소다.

60

명예의 매력을 경계해야 한다

"명예의 매력은 커서,
우리는 그것이 있으면 죽음까지도 좋아한다."

"Le charme de la renommée est si grand que nous aimons tous les objets auxquels elle est attachée, même la mort."

아카데미 각본상을 받은 영화 〈시민 케인〉에서 케인은 젊은 시절 막대한 부와 명성을 쌓았지만, 이는 그의 인생을 점점 공허하게 만듭니다. 어린 시절의 소박한 행복을 그리워하던 케인은 결국 자신의 거대한 대저택에서 고독한 죽음을 맞이합니다. 이 영화는 그의 인생을 회고하며, 명예와 인기가 아닌 진정한 가치와 행복을 추구하는 것이 얼마나 중요한지를 강조합니다. 케인이 마지막으로 남긴 말인 "로즈버드"는 그가 어린 시절 소박한 행복을 그리워했음을 상징하며, 이는 그가 진정으로 원했던 것이 단순한 명예와 부가 아니었음을 보여줍니다.

파스칼은 명예를 얻는다는 건 굉장히 매력적인 일이지만, 명예와 인기의 매력에 과도하게 빠지지 않게 주의해야 할 필요가 있다고 강조합니다. 명예는 우리의 존재와 행동에 대한 인식과 평가를 나타냅니다. 우리는 보통 자신이 속한 분야에서 성공하고 싶어 하며, 다른 사람들에게 인정을 받고 싶어 합니다. 명예를 얻으면 많은 사람들에게 오래 기억될 수 있으며, 다른 사람들에게 존경을 받는 선망의 대상이 될 수 있습니다. 이는 긍정적인 동기부여와 성취에 분명히 도움이 됩니다. 따라서 명예로운 일을 한다든지 자기 분야에서 명예로운 사람으로 인정받는다는 건 삶의 가치 추구와 부합하는 일이라고 할 수도 있습니다.

하지만 이런 명예와 인기에도 어두운 면은 존재합니다. 가령 모든 이들의 존경을 받는 사람은 무조건 도덕적으로 행동해야 한다는 사실에 속박되거나, 가끔은 타인을 위한 과도한 희생을 감수하며 '명예로운 죽음'이라는 명목으로 목숨을 던지는 일이 일어나기도 합니다. 커다란 위험에 빠졌을 때 다수를 위해 자신을 희생하는 것은 명예로운 일이 될 수 있지만, 이것이 자살 폭탄 테러 같은 것으로 가면 무고한 사람들의 목숨을 앗아가는 용서 받지 못할 범죄가 될 수도 있습니다.

명예는 분명 매력적이고 훌륭한 사람들에게 주어지는 훈

장 같은 것입니다. 하지만 대의를 위해, 선의를 위해, 진정한 가치를 추구하며 행동하면서 자연스럽게 명예를 얻는 것이 아닌, 명예와 인기를 탐욕스럽게 욕망하며 무분별하게 빠져들면 우리는 진정한 가치를 잃어버리고, 중요한 순간에 도덕적 선택을 저버릴 수 있습니다. 따라서 명예를 중시하면서도 그것이 인간적인 가치와 도덕적 선택에 부정적인 영향을 미치지 않도록 주의해야 합니다.

파스칼의 말처럼 명예와 인기가 곧 진정한 행복과 만족이 아니라는 점을 구분하고, 가치 있는 삶의 균형을 잡는 것이 중요합니다.

| 명예 |

명예와 인기에 의존하지 말고, 내면의 가치를 중시해야 한다.

61

성공을 소유물이라고 착각하지 말라

"일부 작가들이 작품을
"내 책", "내 논평"이라 자랑하는 것은
부르주아들이 집을 자랑하는 것과 같다."

"Certains auteurs, parlant de leurs œuvres, disent: 'Mon livre', 'Mon commentaire', 'Mon histoire', etc. Ils ressemblent à des bourgeois qui ont une maison à eux et qui ont toujours 'Ma maison' sur leur langue."

불교의 무소유 사상은 물질적 소유와 집착을 버리고, 내면의 평화와 깨달음을 추구하는 것을 강조합니다. 이 사상은 삶의 근본적인 고통이 욕망과 집착에서 비롯된다는 불교의 핵심 가르침에서 비롯됩니다. 물질적 소유와 성공에 집착할수록 더 많은 욕망과 불만이 생기고, 이는 결국 고통으로 이어집니다. 무소유는 이러한 집착을 내려놓고, 현재 순간에 집중하며 내면의 평화를 찾는 것을 목표로 합니다. 이를 통해 우리는 외부의 조건에 흔들리지 않고, 진정한 행복과 자유를 경험할 수 있습니다.

우리는 자신의 소유물을 중요하게 여깁니다. 특히 자신

을 잘 반영하거나 자신의 역량을 잘 드러낸 성과와 업적을 자신과 동일시하며 중요하게 생각합니다. 이는 작가가 자신의 작품을 "내 책", "내 역사" 등으로 부르는 것과 유사한 상황으로 볼 수 있습니다. 작가는 자신의 작품을 통해 자신의 사고와 감정을 표현하고, 그것에 자부심을 느낍니다. 마찬가지로 많은 이들이 자신의 업적과 성공을 자신의 것으로 소유하고자 합니다.

작가는 자기 작품을 소유물로 간주함으로써 자신의 학문적 또는 창작적 역량을 드러내고자 합니다. 이는 작가의 자아를 구축하고 사회적 이미지를 형성하는 과정이라고 할 수 있습니다. 이와 비슷하게 많은 이들이 자신의 직업, 학벌, 경력 등을 통해 자신의 신분을 증명하고, 그에 따른 자부심을 느낍니다.

파스칼은 이러한 태도도 중요하지만, 한편으로 자신의 지나친 과시나 자아의 강조는 단점이 될 수도 있다고 지적합니다. 자아 중심적인 태도는 종종 타인과의 관계에서 갈등을 일으킬 수 있으며, 과한 자아실현의 욕구는 결국 고립감을 초래할 수 있습니다. 이는 개인주의와 사회적 연결 부족으로 나타날 수 있는 사회적 문제가 될 수도 있습니다. 따라서 우리는 자신의 업적과 자아실현을 중시하면서도, 동시에 사회적인 융합과 조화를 추구해야 합니다.

작가들이 자신의 작품을 지나치게 자신의 소유물처럼 여기고, 그것을 자아의 일부로 취급할 때, 이는 마치 부르주아가 자신의 집을 자랑스럽게 과시하며 '내 집'이라는 것을 강조하는 것과 같아 보입니다. 우리는 자신의 업적을 자랑하면서도, 그것이 다른 이들과의 관계와 사회적 책임에 있어 어떻게 조화롭게 융화될 수 있는지를 고민해야 합니다.

마지막으로 파스칼은 성공을 소유물로 여기지 말라고 경고합니다. 성공을 소유물로 착각하면, 우리는 그 성공에 집착하게 되어 마음의 평안을 잃고 더 많은 욕망에 시달리게 됩니다. 이는 앞서 제시한 불교의 무소유 가르침과도 일치합니다.

| 무소유 |

개인의 업적을 소중히 여기되, 사회적 책임을 망각하지 말라.

62

너무 빠르지도 느리지도 않게 경험해야 한다

"두 개의 무한, 평균.
너무 빨리 읽거나 너무 느리게 읽으면
아무것도 이해하지 못한다."

"Deux infinis. Signifier. Quand on lit trop vite ou trop lentement, on ne comprend rien."

스티븐 코비의 세계적인 베스트셀러 《성공하는 사람들의 7가지 습관》은 성공적인 삶을 위해 빠름과 느림을 균형 있게 유지하는 방법을 제시합니다. 코비는 삶의 목적을 분명히 하고, 긴급하지 않지만 중요한 일에 시간을 투자할 것을 강조합니다. 이는 속도의 균형을 유지하면서도 깊이 있는 삶을 살아가는 방법을 제시합니다. 이와 같은 사례들은 빠름과 느림의 속도의 깊이를 균형 있게 다루는 것이 얼마나 중요한지를 잘 설명합니다. 삶의 속도를 조절하면서도 깊이 있는 경험을 추구하는 것이 진정한 행복과 성공을 가져다줍니다.

파스칼은 '무한'이라는 표현을 사용하여, 매일 우리가 받아들여야 하는 정보의 무한함을 설명하면서, 이 정보들이 우리에게 실질적으로 의미 있는지를 잘 파악하고 처리하는 것이 중요하다고 이야기합니다.

또 파스칼은 '평균'이라는 단어를 사용하여 정보를 이해하는 데 필요한 적절한 속도와 깊이를 설명합니다. 정보를 너무 급하게 받아들이면 중요한 세부 사항을 놓칠 수 있고, 그러다 보면 결과적으로 그 정보나 경험을 제대로 이해하지 못할 수도 있습니다. 반면, 너무 느리게 정보를 받아들이거나 처리하면 시간이 지나도 문제를 해결하지 못하거나, 정보를 통한 경험을 충분히 활용하지 못할 수도 있습니다.

파스칼의 말은 현재의 정보 공유와 소통 방식을 다시 한 번 돌아보게 합니다. 디지털 시대에 필수가 된 빠른 정보 전달은 신속한 소통이라는 커다란 장점을 가지고 있지만, 때로는 알맹이 없는 정보의 남용으로 인한 피로감이나, 정보 활용에 있어 깊은 심사숙고와 이해를 방해한다는 단점이 있습니다. 정보를 받아들이고 활용할 때는 어떤 속도와 방식이 가장 효과적인지를 고민함과 동시에, 그것을 평가하고 분석하는 능력을 갖추어야 합니다.

파스칼은 정보를 처리하는 데 있어 균형을 찾는 것이 중요하다고 경고합니다. 다양한 정보의 홍수 속에서도 자신에게 꼭 필요한 정보를 파악하고, 받아들이는 속도와 깊이를 동시에 고려하여, 최상의 선택과 결정을 내리는 데 집중해야 합니다.

정보와 마찬가지로 인생과 지식을 탐구하는 데 있어 너무 빠르고 허술하게 혹은 너무 천천히 진행하다 보면 진정한 의미를 찾는 데 어려움을 겪을 수 있습니다. 남들과 비교하지 않고 자신만의 속도로 삶의 의미와 가치를 찾고 진리를 탐구하는 것이 중요합니다.

| 평균 |

빠름과 느림의 속도의 깊이를 균형 있게 다뤄야 한다.

63

유연하게
흐름을 관찰하라

"우리는 강가 위에 앉아
겸손하고 안전하게 있어야 한다."

"Nous devons nous asseoir au bord de ces rivières, non pas sous ou dans elles, mais au-dessus, non pas debout, mais assis, afin de rester humbles en nous asseyant et en sécurité en restant au-dessus."

제롬 데이비드 샐린저의 소설 《호밀밭의 파수꾼》에서 주인공 홀든 콜필드는 뉴욕시를 방황하며 삶의 여러 도전을 경험합니다. 그는 어린 동생 앨리의 죽음과 주변 사람들의 위선에 영향을 받으며, 세상과 자신의 존재에 대해 깊이 성찰합니다. 홀든은 자신을 '호밀밭의 파수꾼'으로 상상하며 순수함을 지키려 하지만, 아이들은 스스로 성장하도록 놔두어야 한다는 깨달음을 얻습니다. 이는 파스칼이 말한 강가에 앉아 삶의 흐름을 관찰하고 받아들이는 자세와 일치합니다.

파스칼이 이야기한 강가에 앉는 자세는 우리 삶의 자세를 나타냅니다. 강은 변화와 흐름을 상징하며, 이 흐름을 통해 삶에서 여러 도전과 시험을 경험합니다. 파스칼은 이 흐름을 관찰하고, 깊이 사유하는 것이 중요하다고 이야기합니다.

파스칼은 '강 속에 앉지 말고 위에 앉아야 한다'고 이야기합니다. 이는 우리가 '강', 즉 주위의 변화나 흐름에 너무 휩쓸리거나 깊이 빠지지 말아야 한다는 의미를 담고 있습니다. 우리는 살아가면서 다양한 유혹을 맞닥뜨리게 됩니다. 이때 유혹은 우리를 강 속으로 끌어들이려고 하고, 그 속에서 우리는 방향성을 잃고 위험에 처할 수 있습니다. 따라서 우리는 '위에 앉아'서, 즉 안전한 거리에서 상황을 잘 관찰하고 대처해야 합니다. 흐름에 너무 휩쓸리지 말고, 자신의 선택과 행동을 신중하게 판단하며, 위험을 피하면서 안정성을 유지하도록 노력해야 합니다.

또 '앉아 있으면 겸손해지고 위에 있으면 안전하다'라는 파스칼의 말처럼 우리는 변화의 흐름을 잘 관찰하고, 그 속에서 자리와 방향성을 잘 결정하여 안전성을 확보하고, 겸허히 자신을 돌아보며 겸손하게 행동하는 것이 중요합니다.

인생은 시간의 흐름을 타고 끊임없이 흘러갑니다. 때로는 자만과 자신과 맞지 않는 잘못된 흐름과 유혹에 휩쓸려 방황하고 실패와 좌절을 경험하며 성장하는 과정을 겪기도 할 것입니다. 이러한 모든 과정이 우리의 삶이고 인생입니다. 이러한 과정을 거치며 자신의 자리와 위치를 찾아가고, 겸손한 마음가짐과 삶의 태도를 배우며, 조금 더 안전하고 평화로운 삶을 살아가려 노력해야 할 것입니다.

| 흐름 |

삶의 강가에 앉아 겸손하게 흐름을 관찰하라.

64

모든 것을 알 수는 없으나 다양한 측면을 돌아볼 수는 있다

"모든 것을 조금씩 아는 것이, 하나를 깊이 아는 것보다 더 가치 있다."

"Comme on ne peut pas être universel en sachant tout ce qu'il y a à savoir sur tout, il faut savoir un peu de tout, car il vaut bien mieux savoir quelque chose sur tout que tout sur quelque chose."

레오나르도 다 빈치는 르네상스 시대의 대표적인 인물로, 다양한 분야에 대한 폭넓은 지식을 지닌 천재였습니다. 그는 미술, 과학, 해부학, 공학, 천문학 등 여러 분야를 탐구했습니다. 그의 그림 〈모나리자〉와 〈최후의 만찬〉은 예술적 업적의 정수로 꼽히며, 그의 과학적 스케치는 현대 공학과 의학에 큰 영향을 미쳤습니다. 다 빈치는 방대한 지식과 호기심으로 다양한 분야에서 인류 역사에 큰 족적을 남겼습니다. 다 빈치의 사례는 다양한 측면을 돌아보는 것의 효용성을 잘 보여줍니다.

파스칼은 모든 것에 대해 조금씩 알아가는 것이 중요하

다고 이야기합니다. 우리 사회는 넓은 지식과 전문성을 가진 사람들을 필요로 합니다. 이는 다양한 것에 대한 호기심과 지속적인 배움의 태도를 형성하는 데 중요합니다. 급변하는 세계 속에서 다양한 지식을 쌓고, 그것을 토대로 새로운 아이디어와 해결책을 찾아내는 능력을 길러야 합니다.

파스칼은 지식의 공유와 사회적 연대의 중요성을 강조합니다. 인간은 서로 다른 배경과 전문성을 가진 사람들이 협력하여 더 나은 사회를 건설해야 합니다. 다양한 지식과 경험이 모이면 혁신과 발전의 원동력이 됩니다.

우리는 파스칼이 이야기한 것처럼 모든 것을 다 알 수는 없습니다. 대신 다양한 분야에 걸쳐서 조금씩 배우며 어느 정도의 지식을 쌓고 이해를 도모하는 것이 자신의 역량에 큰 도움이 될 수 있습니다. 자신의 전문 분야에서 깊이 있는 지식과 전문성을 쌓되, 그 외의 관심 분야에서도 조금씩 정보와 지식을 습득하다 보면 넓은 지식과 깊이 있는 전문성을 갖춘 훌륭한 인재로 성장할 수 있습니다. 이러한 사람들이 모여 협력한다면 지식의 장벽을 넘어서는 새로운 가능성을 창출하는 사회가 될 수 있을 것입니다.

위의 사례 레오나르도 다 빈치는 다양한 분야를 탐구하여 깊은 지식을 쌓고, 세계의 문화와 지식 발전에 기여한 위대한 역사적 인물입니다. 그의 호기심과 지식 탐구에 대한 열망은 예술과 학문 분야를 가리지 않고 뻗어나가 여러 방면에서 엄청난 작품을 남겼습니다. 배움에는 끝이 없습니다. 전문성과 더불어 다양한 지식을 갖추고 더 넓은 세상을 탐구하려는 태도가 중요합니다.

| 다양성 |

지식의 깊이와 넓이를 적절히 조화시키는 것이 중요하다.

65

마주하는 모든 길을 조심히 걸어야 한다

**"모든 것은 치명적일 수 있다.
조심하지 않으면 벽이나 계단도
우리를 해칠 수 있다."**

"Toutes choses peuvent nous être mortelles, même celles qui sont faites pour nous servir ; comme dans la nature, les murs peuvent nous tuer, et les escaliers peuvent nous tuer, si nous ne marchons pas avec circonspection."

픽사 애니메이션 〈니모를 찾아서〉에서 깊은 바닷속에서 살던 클라운피쉬(흰동가리)인 말린은 인간에게 잡혀 시드니로 간 아들 니모를 찾기 위해 도리와 함께 대양을 횡단하는 위험한 여정을 떠납니다. 말린은 해파리 떼, 상어, 심해어 등 다양한 위험을 겪으며, 신중하게 행동하지 않으면 큰 위험에 처할 수 있음을 배웁니다. 특히 도리와의 동료애와 신중한 판단 덕분에 여러 위기를 극복할 수 있었습니다. 이 영화는 모든 상황에서 주의 깊게 행동하는 것이 중요하다는 교훈을 줍니다.

파스칼은 '모든 것은 우리에게 치명적일 수 있다'고 이야기합니다. 이는 우리가 일상에서 무심코 사용하거나 안전하다고 믿고 있는 것들조차도 위협이 될 수 있음을 의미합니다. 예를 들어, 매일 학교나 회사에 가기 위해 타고 다니는 버스나 자동차는 물론이고, 신호에 맞춰 건너는 횡단보도에서도 언제 어디서 사고가 날지는 아무도 모릅니다. 또 인터넷과 디지털 기기는 이제 없으면 안 될 우리 생활의 주요한 일부이지만, 사생활 침해나 사이버 범죄 등의 위험 등을 간과할 수는 없습니다.

또 생활 습관이나 건강관리에서도 무시할 수 없는 위험 요소들이 존재합니다. 가령 지나치게 긴장된 일상에서의 스트레스는 건강을 해칠 수 있으며, 불규칙한 식습관은 만성질환의 원인이 될 수 있습니다. 최근에는 20~30대 젊은 당뇨병 환자와 고도 비만이 급격하게 늘었다는 연구 결과가 발표되기도 했습니다. 이는 비만의 증가가 당뇨병의 원인이라고도 볼 수 있는데, 불규칙한 식습관과 수면 시간 등으로 인해 비만율이 증가하면서 생긴 현상이라고 볼 수 있습니다. 이처럼 우리 일상생활에는 소리 없는 위험이 항상 도사리고 있습니다.

파스칼은 조심성의 중요성을 강조했습니다. 우리의 선택과 행동은 자신뿐만 아니라 주변 사람들에게도 영향을 미칠 수 있습니다. 애니메이션 〈니모를 찾아서〉에서 아빠 말린은 상어에게 가족을 잃은 후 하나뿐인 아들 니모를 키우며 일상에서도 늘 긴장을 늦추지 않고 살아갑니다. 하지만 호기심 많은 니모는 결국 인간에게 잡혀가고, 말린은 아들을 찾기 위해 위험한 모험 끝에 결국 아들을 찾게 됩니다. 이처럼 늘 긴장을 하고 주위를 살펴도 사고는 순식간에 일어나기 마련입니다. 하지만 그럼에도 아빠 말린처럼 일상생활에서도 늘 주변 환경을 주의 깊게 살펴보고, 가능한 모든 위험 요소를 예방하려는 노력이 필요합니다. 그래야 어떤 사고나 사건이 벌어져도 빠르게 대처할 수 있는 판단과 행동을 할 수 있습니다.

| 주의 |

모든 것은 주의가 필요하며 치명적일 수 있다.

66

사람은 머리가 없어도 생각할 수 있어야 한다

**"손, 발, 머리가 없는 사람은 상상할 수 있지만,
생각이 없는 사람은 돌이나 동물과 같을 것이다."**

"Je peux certainement imaginer un homme sans mains, sans pieds ni tête,
car seule l'expérience nous enseigne que la tête est plus nécessaire que les pieds.
Mais je ne peux pas imaginer un homme sans pensée; il serait une pierre ou un animal."

조지 오웰의 소설 《동물 농장》은 동물들이 인간처럼 사고하고 행동하는 모습을 통해 인간 사회의 정치적 상황을 풍자합니다. 동물들이 인간처럼 사고하고 행동하다가 결국 인간과 같은 억압적 체제로 변해가는 모습은, 사고와 지성이 어떻게 권력과 사회 구조에 영향을 미치는지를 보여줍니다. 이는 인간의 사고 능력이 단순히 신체적 존재를 넘어, 사회와 개인의 본질을 형성하는 중요한 요소임을 시사합니다. 《동물 농장》은 사고와 지성의 부재가 어떻게 부정적인 결과를 초래할 수 있는지를 경고하며, 그 중요성을 강조합니다.

파스칼은 인간을 단순한 물리적 존재가 아니라, 사유하

는 존재로서의 인간을 이해하고자 합니다. 즉 인간이 단순히 육체적 요소의 집합체가 아니라, 생각과 의식을 가진 고유한 존재임을 강조합니다. 손과 발, 머리가 없는 사람은 상상할 수 있어도, 생각이 없는 사람은 상상할 수 없다는 파스칼의 말은 그 자체로 인간이 지닌 고유하고 특별한 가치를 보여줍니다.

파스칼에 따르면 인간은 단순히 자연의 일부가 아니라, 영적인 차원에서 더 높은 존재로서 존경받을 가치가 있습니다. 이는 우리가 자유롭고, 창의적으로 사유하며, 도덕적으로 행동할 수 있는 능력을 지니고 있기 때문입니다. 따라서 생각하고, 깨달음을 얻고, 자아를 찾고, 더 나은 삶을 추구하는 인간으로서의 특별한 가치를 인정해야 합니다.

인간은 사유와 감정, 윤리적 선택을 통해 존재의 의미를 찾아가려고 하는 유일한 존재입니다. 인간뿐만 아니라 자연, 그리고 다른 존재와 어떻게 상호작용하고, 서로를 존중하며 협력할 수 있는지 고민하며 세상을 살아가는 존재입니다. 수없이 많은 것을 경험하고 그것을 토대로 더 나은 판단과 결정을 하기 위해 노력합니다. 이는 인간이 살아가는 세계가 끊임없이 발전하고 나아가게 하는 원동력이라고 할 수 있습니다. 원시시대부터 앉은 자리에서 전 세계와 소통할 수 있는 현재, 그리고 AI와 함께 살아가게 될 미래까지 인간은 끊임없이 도전하고 실패하고 좌절하고 성공하면서 세계를 발전시켜 왔습니다. 이는 온전히 우리가 경험을 통해 계속해서 배우고 생각하는 존재이기에 가능합니다.

우리는 신체의 한계를 넘어, 사고와 사유를 통해 진정한 인간으로서의 가치를 유지하고자 노력해야 합니다.

| 사유 |

인간은 생각하는 존재로서 머리, 손, 발 이상의 의미를 가진다.

67

삶의 모순과 대립을 모두 그려내라

"좋은 초상화와 좋은 작품 해석은 모든 모순된 요소들을 조화시켜야 완성된다."

"Un bon portrait ne peut être dressé qu'en réconciliant tous nos traits contradictoires, et il ne suffit pas de parcourir une série de qualités mutuellement compatibles sans concilier leurs opposés; pour comprendre le sens d'un auteur, tous les passages contradictoires doivent être réconciliés."

헤르만 헤세의 소설 《데미안》에서 주인공 에밀 싱클레어는 다양한 내적 갈등과 모순을 경험하며 성장합니다. 그는 선과 악, 빛과 어둠, 의무와 자유 사이에서 끊임없이 갈등하지만, 이를 통해 자신의 진정한 자아를 발견하게 됩니다. 싱클레어는 막스 데미안과의 대화를 통해 다양한 관점과 모순을 이해하고 수용함으로써 성숙해집니다. 이는 다양한 경험과 모순을 조화시키는 것이 진정한 이해와 성장의 핵심임을 보여줍니다.

우리는 다양성과 복잡성이 두드러지는 사회에서 살고 있습니다. 각자의 생각, 가치관, 경험 등은 모두 다르며, 상반된 특성을 보입니다. 파스칼은 이러한 모순된 특성을 조화시키지 않으면 진정한 이해와 평가가 불가능하다고 이야기합니다. 자신의 모순된 면을 인정하고 받아들임으로써 타인과 조화로운 관계를 맺고 소통할 수 있습니다.

파스칼의 해석은 문학작품의 모순과 조화의 중요성을 이해하는 데도 도움이 됩니다. 여러 문학작품에는 모순된 상황이 자주 등장합니다. 이 모순을 단순히 무시하거나 과하게 해석하지 않고, 주인공의 관점에서 왜 이러한 상황이 발생했는지 등을 깊이 생각해 보면서 전체적인 이야기와 저자의 의도를 파악하는 것이 중요합니다. 마찬가지로 삶의 여러 측면에서 마주하는 모순과 어려움을 두려워하지 말고, 이러한 모순에서 발생하는 특징을 조화롭게 받아들임으로써, 이러한 경험을 통해 위기를 헤쳐 나가는 방식을 배우고 성장하는 기회로 삼아야 합니다.

우리는 모두 모순적인 면을 가지고 있습니다. 종종 각기 다른 다양한 모순되는 특성을 불편해하며 외면하기도 합니다. 하지만 회피하는 것은 성장하는 데 도움을 주지 않습니다. 철학적인 의미에서 모순은 두 가지 판단, 사태 등이 양립하지 못하고 서로 배척하는 상태를 이야기합니다. 또 다른 의미로 투쟁 관계에 있는 두 대립물이 공존하면서 맺는 상호 관계도 모순이라고 합니다. 이 두 가지 철학적인 사전적 의미는 파스칼이 이야기하고자 하는 모순에 대한 의미를 담고 있다고 할 수 있습니다. 서로 배척하는 모순과 공존하면서 조화롭게 상호 관계를 맺는 것이 중요합니다. 이는 개인과 사회가 마주하는 다양한 도전 속에서 중요한 지침이 될 것입니다.

| 조화 |

다양성과 모순을 조화시키는 것이 진정한 이해와 성장의 핵심이다.

인간의 마음에는

타인이 알지 못하는 이유가 있다

인간의 마음을 해부한,
67가지 철학수업

파스칼 인생 공부

초판 1쇄 발행 2024년 10월 1일

원작 | **블레즈 파스칼**
지음 | **김태현**
기획 편집 총괄 | **호혜정**
편집 | **이정화**
기획 | **심유정**
디자인 | **이선영**
교정교열 | **김민아 호혜정**
마케팅 | **이지영 김경민**
펴낸곳 | **파스칼(PASCAL)**
주소 | **서울시 용산구 원효로 162 세원빌딩 606호**
이메일 | **ritec1@naver.com**
ISBN | **979-11-86151-71-6 (03160)**

파스칼(PASCAL)은 리텍콘텐츠 출판사의 철학/인문 브랜드입니다.